商君书

［战国］商鞅 编著

治世不一道，
便国不必法古。

苏州新闻出版集团
古吴轩出版社

图书在版编目（CIP）数据

商君书 / (战国) 商鞅编著. -- 苏州 ：古吴轩出版社，2023.11
ISBN 978-7-5546-2224-7

Ⅰ. ①商… Ⅱ. ①商… Ⅲ. ①《商君书》 Ⅳ. ①B226.2

中国国家版本馆CIP数据核字（2023）第200747号

责任编辑： 顾　熙
策　　划： 村　上　牛宏岩
装帧设计： 侯茗轩

书　　名： **商君书**
编　　著： [战国] 商　鞅
出版发行： 苏州新闻出版集团
古吴轩出版社
地址：苏州市八达街118号苏州新闻大厦30F
电话：0512-65233679　　邮编：215123
出 版 人： 王乐飞
印　　刷： 天宇万达印刷有限公司
开　　本： 880mm × 1230mm　1/32
印　　张： 5.5
字　　数： 92千字
版　　次： 2023年11月第1版
印　　次： 2023年11月第1次印刷
书　　号： ISBN 978-7-5546-2224-7
定　　价： 42.00元

编辑说明

商鞅是战国时政治家。卫国人。公孙氏，名鞅，亦称卫鞅。初为魏相公叔痤家臣，后入秦说服秦孝公变法图强。秦孝公六年（前356年，一说在秦孝公三年）任左庶长，实行变法：重农抑商，奖励耕织与垦荒，生产粟帛多者可免徭役；废除贵族世袭特权，制定按军功大小授予爵位的制度；采用李悝《法经》作为法律，推行连坐法。十二年，迁都咸阳（今陕西咸阳东北），进一步变法：合并乡邑为三十一县（一说四十一县）；废除井田制，准许土地买卖；创立按丁男征赋办法，规定一户有两丁男者必须分居，否则加倍征赋；颁布法定的度量衡器，统一度量衡制。商鞅先后两次变法，奠定了秦国富强的基础。

商鞅的主要变法思想集中收录在《商君书》中。

《商君书》亦称《商君》或《商子》，是商鞅及其后学著作的合编。《汉书·艺文志》著录二十九篇，现存二十四篇，其中十六章、二十一章已亡佚。书中叙述商鞅变法主张，提出信赏必罚的法治要求，主张从法律上保护土地私有权，而把统治权力集中于君主一人，以建立中央集权的君主专制国家。此外，对于法的起源、本质、作用等，也有所论列。

《商君书》文字虽然并不多，但是文笔古奥，在阅读过程中难免遇到一定障碍，又加上历经多次流传，脱文、错简现象严重。本书以《四部丛刊初编》本《商子》为底本，参照多个版本，力图做到无误。愿读者在阅读过程中，有所启示。

目录

更法第一

三代不同礼而王，
五霸不同法而霸。

孝公[1]平画[2]，公孙鞅[3]、甘龙[4]、杜挚[5]三大夫[6]御[7]于君。虑世事之变，讨正[8]法之本，求使民之道。

君曰："代立不忘社稷[9]，君之道也；错[10]法务明主长，臣之行[11]也。今吾欲变法以治，更[12]礼以教百姓，恐天下之议我也。"

公孙鞅曰："臣闻之：'疑行无名，疑事无功。'君

---

① 孝公：战国时秦国君。献公之子。公元前361—前338年在位。名渠梁。即位后，任用商鞅实行变法。

② 平画：谋划。

③ 公孙鞅：商鞅。

④ 甘龙：秦献公、秦孝公时期的大臣。

⑤ 杜挚：战国时期的秦国大臣，曾破魏有功，官拜左司空，同时也是秦国守旧派的代表人物。

⑥ 大夫：古代在国君之下有卿、大夫、士三级，大夫为一般任官职者之称。战国秦至汉代实行二十等爵，大夫为第五级。此外有官大夫、公大夫等。

⑦ 御：侍奉。

⑧ 正：使……正，整饬。

⑨ 社稷：古代帝王、诸侯所祭的土神和谷神。此处用作国家的代称。

⑩ 错：通"措"，施行。

⑪ 行：行动准则。

⑫ 更：更改。

亟[1]定变法之虑，殆无[2]顾天下之议之也。且夫有高人之行者，固[3]见负[4]于世；有独知[5]之虑者，必见骜于民。语曰：‘愚者暗[6]于成事，知[7]者见于未萌[8]。’‘民不可与虑始[9]，而可与乐成。’郭偃[10]之法曰：‘论至德者，不和[11]于俗；成大功者，不谋于众。’法者，所以爱民也；礼者，所以便事[12]也。是以圣人苟可以强国，不法[13]其故；苟可以利民，不循其礼。”

---

① 亟：急；迫切。
② 无：通“毋”，不要。
③ 固：本来。
④ 见负：被非难。
⑤ 独知：独特的见解。
⑥ 暗：糊涂；愚昧不明。
⑦ 知：“智”的古字。
⑧ 未萌：指事情发生以前。
⑨ 始：开始。
⑩ 郭偃：春秋时晋国人。历晋献公、惠公、文公、襄公，皆为掌卜大夫。
⑪ 和：附和。
⑫ 事：办事，此处指操理政务。
⑬ 法：效法。

孝公曰："善[1]！"

甘龙曰："不然。臣闻之：'圣人不易[2]民而教[3]，知者不变法而治。'因民而教者，不劳而功成；据法而治者，吏习而民安。今若变法，不循秦国之故，更礼以教民，臣恐天下之议君，愿孰察[4]之。"

公孙鞅曰："子之所言，世俗之言也。夫常人安[5]于故习，学者溺[6]于所闻。此两者，所以居官[7]而守法，非所与论于法之外也。三代不同礼而王[8]，五霸[9]不同法而霸。故知者作法[10]，而愚者制[11]焉；贤者更礼，而不

---

① 善：好。
② 易：改变。
③ 教：教化。
④ 察：考察；调查。
⑤ 安：习惯。
⑥ 溺：沉溺。
⑦ 居官：居于官位。
⑧ 王（wàng）：成王业。
⑨ 五霸：春秋时先后称霸的五个诸侯。指齐桓公、晋文公、楚庄王、吴王阖闾、越王勾践。
⑩ 作法：变革礼制。
⑪ 制：受礼制的束缚。

肖者[1]拘焉。拘礼之人不足与言事，制法之人不足与论变。君无疑矣。”

杜挚曰：“臣闻之：‘利不百，不变法；功不十，不易器。’臣闻：‘法古无过，循礼无邪[2]。’君其图之！”

公孙鞅曰：“前世不同教，何古之法？帝王不相复[3]，何礼之循？伏羲[4]、神农[5]教而不诛[6]，黄帝[7]、

---

① 不肖者：没有作为的人。

② 邪：同“斜”，偏斜。

③ 复：重复。

④ 伏羲：中华神话中人类的始祖。传说人类由他和女娲氏兄妹相婚而产生。又传他教民结网，从事渔猎畜牧，反映中国原始时代开始渔猎畜牧的情况。

⑤ 神农：传说中农业和医药的发明者。相传远古人民以采集渔猎为生，他始作耒耜，教民耕作。反映中国原始时代由采集渔猎进步到农业的情况。又传他曾尝百草，发现药材，教人治病。《神农本草经》即是依托他的著作。

⑥ 诛：杀戮。

⑦ 黄帝：传说中中原各族的共同祖先。姬姓，号轩辕氏、有熊氏。少典之子。相传炎帝扰乱各部落，他得到各部落的拥戴，在阪泉（今河北涿鹿东南）打败炎帝。后蚩尤扰乱，他又率领各部落在涿鹿（今河北涿鹿东南）击杀蚩尤。从此他由部落首领被拥戴为部落联盟领袖。

尧[1]、舜[2]诛而不怒，及至文[3]、武[4]，各当时而立法，因事而制礼。礼、法以时而定，制、令各顺其宜，兵甲器备各便其用。臣故曰：治世不一道，便国不必法古。汤[5]、武之王也，不循[6]古而兴；殷[7]、夏[8]之灭也，不

---

① 尧：传说中父系氏族社会后期部落联盟领袖。号陶唐氏，名放勋，史称“唐尧”。传曾命羲和掌管时令，制定历法。

② 舜：传说中父系氏族社会后期部落联盟领袖。姚姓，一作妫姓，号有虞氏，名重华，史称“虞舜”。相传因四岳推举，尧命他摄政。

③ 文：指周文王。商末周族领袖。姬姓，名昌，纣王时为西伯，亦称“伯昌”。曾被纣王囚禁于羑里（今河南汤阴北）。统治期间，解决虞、芮两国争端，使两国归附。在位五十年。

④ 武：指周武王。西周王朝的建立者。文王之子。公元前1046—前1043年在位（从灭商之年起算）。名发。继承文王遗志，联合庸、蜀、羌、髳、微、卢、彭、濮等族，于公元前1046年率军攻商，牧野（今河南淇县西南）之战大胜，灭商，建立西周王朝。

⑤ 汤：亦称“天乙”“成汤”。商朝建立者，名履。原为商族领袖，与有莘氏通婚，任用伊尹、仲虺为辅佐，陆续攻灭邻近的国家，经十一次出征，成为当时强国。后一举灭夏，建立商朝。

⑥ 循：遵循。

⑦ 殷：朝代名。公元前1600年商汤灭夏后建立。都亳（今地有河南商丘、山东曹县、河南偃师三说），曾多次迁移。后盘庚迁都殷（今河南安阳西北小屯村），因而商亦称“殷”。

⑧ 夏：朝代名。中国历史上第一个朝代。姒姓。相传禹本为夏后氏部落领袖，因治水有功，舜死后即位。禹卒，子启杀原定的继承人伯益即位，王位世袭自此开始，即从部落联盟转化为世袭国家。

易礼而亡。然则反古者未必可非[①]，循礼者未足多是也。君无疑矣。”

孝公曰：“善！吾闻‘穷巷多怪[②]，曲学[③]多辨’。愚者笑之，智者哀焉；狂夫之乐，贤者丧焉。拘世以议，寡人不之疑矣。”于是遂出《垦草令》[④]。

---

① 非：非议。

② 怪：奇怪。

③ 曲学：学识短浅的人。

④ 《垦草令》：秦孝公颁布的法令。其主要内容为鼓励农民开垦荒地，刺激农业生产；实行统一的税租制度；抑制商业发展。

垦令第二

奸民无朴，则农民不败。农民不败，则草必垦矣。

无宿治，则邪官不及为[1]私利于民，而百官之情[2]不相稽[3]。百官之情不相稽，则农有余日。邪官不及为私利于民，则农不败。农不败而有余日，则草必垦矣。

訾[4]粟而税，则上壹[5]而民平。上壹则信，信则官不敢为邪。民平则慎，慎则难变。上信而官不敢为邪，民慎而难变，则下[6]不非上，中不苦[7]官。下不非上，中不苦官，则壮民疾农不变。壮民疾农不变，则少[8]民学之不休[9]。少民学之不休，则草必垦矣。

无以外权任爵与官，则民不贵学问[10]，又不贱农。民不贵学则愚，愚则无外交，无外交则国安而不殆。民

① 为：做；干。
② 情：事情。
③ 稽：留止；延迟。
④ 訾（zī）：估量；限度。
⑤ 壹：统一。
⑥ 下：此处指民众。
⑦ 苦：以……为苦。
⑧ 少：年轻人。
⑨ 不休：不断；不停止。
⑩ 学问：学习与问难。此处指学习、研究典籍。

不贱农，则勉[1]农而不偷[2]。国安不殆，勉农而不偷，则草必垦矣。

禄厚而税多[3]，食口众者，败农者也。则以其食口之数，赋而重使之[4]，则辟淫[5]游惰之民无所于食。无所于食则必农，农则草必垦矣。

使商无得籴[6]，农无得粜[7]。农无得粜，则窳[8]惰之农勉疾。商不得籴，则多岁[9]不加乐。多岁不加乐，则饥岁[10]无裕利。无裕利，则商怯[11]；商怯，则欲农。窳惰之农勉疾，商欲农，则草必垦矣。

---

① 勉：尽力。

② 偷：偷懒。

③ 禄厚而税多：士大夫的俸禄高并且收税多。古代贵族的俸禄来自其封邑的税收。

④ 重使之：从重役使他们。

⑤ 辟淫：邪僻放荡。

⑥ 籴（dí）：买进粮食。

⑦ 粜（tiào）：卖出粮食。

⑧ 窳（yǔ）：懒惰。

⑨ 多岁：丰收之年。

⑩ 饥岁：饥荒之年。

⑪ 怯：害怕。

声服[1]无通[2]于百县，则民行作[3]不顾，休居[4]不听。休居不听，则气不淫[5]。行作不顾，则意必壹。意壹而气不淫，则草必垦矣。

无得取庸[6]，则大夫家长不建缮[7]。爱子不惰食，惰民不窳，而庸民无所于食，是必农。大夫家长不建缮，则农事不伤。爱子、惰民不窳，则故田不荒。农事不伤，农民益农，则草必垦矣。

废逆旅[8]，则奸伪、躁心[9]、私交、疑农之民不行。逆旅之民无所于食，则必农。农则草必垦矣。

---

① 声服：声乐玩好。
② 通：流通。
③ 行作：外出劳作。
④ 休居：在家休息。
⑤ 气不淫：精神不会涣散。
⑥ 庸：同“佣”，雇工。
⑦ 建缮：建筑修缮。
⑧ 逆旅：古时的旅馆。
⑨ 躁心：不安心本职。

壹山泽，则恶[1]农、慢惰、倍欲[2]之民无所于食。无所于食，则必农。农则草必垦矣。

贵酒肉之价，重其租，令十倍其朴[3]。然则商贾[4]少，农不能喜酣奭[5]，大臣不为荒饱。商贾少，则上不费粟。民不能喜酣奭，则农不慢。大臣不荒饱，则国事不稽，主无过举[6]。上不费粟，民不慢农，则草必垦矣。

重刑而连其罪[7]，则褊急[8]之民不讼，很刚[9]之民不斗，怠惰之民不游，费资[10]之民不作，巧谀、恶心[11]之民

---

① 恶（wù）：讨厌。
② 倍欲：多欲。谓贪欲之多倍于人。
③ 朴：本钱。
④ 商贾（gǔ）：商人的统称。
⑤ 酣奭（shì）：奭，盛大。谓饮酒作乐过度。
⑥ 过举：错误的举措。
⑦ 连其罪：指连坐。中国旧时因一人犯法而使有一定关系的人（如亲属、邻里或主管者等）连带受刑的制度。
⑧ 褊（biǎn）急：气量狭隘，性情急躁。
⑨ 很刚：凶残暴戾。很，“狠”的古字。
⑩ 费资：挥霍钱财。
⑪ 恶心：心怀叵测。

无变[1]也。五民者不生于境内，则草必垦矣。

使民无得擅徙[2]，则诛愚[3]。乱农之民无所于食，而必农。愚心、躁[4]欲之民壹意，则农民必静[5]。农静、诛愚，乱农之民欲农，则草必垦矣。

均[6]出余子[7]之使令[8]，以世使之，又高其解舍[9]，令有甬官[10]食，概[11]。不可以辟役，而大官未可必得也，则余子不游事人，则必农。农则草必垦矣。

国之大臣诸大夫，博闻[12]、辩慧[13]、游居[14]之事，皆

---

① 变：变诈。
② 擅徙（xǐ）：擅自迁徙。
③ 诛愚：愚昧无知。
④ 躁：通“懆”。贪婪。
⑤ 静：此处指安心务农。
⑥ 均：都；同。
⑦ 余子：古指嫡长子以外的儿子。
⑧ 使令：服役的法令。
⑨ 解舍：免除兵役和徭役。
⑩ 甬（yǒng）官：古代掌管徭役的官。
⑪ 概：古代量米麦时刮平斗斛的器具。引申为刮平或削平。
⑫ 博闻：见闻广博。此处指学习和研究文献典籍。
⑬ 辩慧：巧言狡黠。
⑭ 游居：指外出周游而寄居他乡。

无得为；无得居游于百县，则农民无所闻变[1]见方。农民无所闻变见方，则知农无从离其故事，而愚农不知，不好学问。愚农不知，不好学问，则务疾农。知农不离其故事，则草必垦矣。

令军市[2]无有女子，而命其商，令人自给甲兵[3]，使视军兴[4]。又使军市无得私输粮者，则奸谋[5]无所于伏[6]，盗输粮者不私稽[7]，轻惰之民不游军市。盗粮者无所售，送粮者不私，轻惰之民不游军市，则农民不淫，国粟不劳[8]，则草必垦矣。

百县之治一形，则徙迁[9]者不饰，代者不敢更其制，过而废者不能匿其举。过举不匿，则官无邪人。迁

① 变：此处指奇谈怪论。
② 军市：古代军中的市场。
③ 甲兵：铠甲和兵器。泛指武备。
④ 兴：动向。
⑤ 奸谋：奸诈狡猾的人。
⑥ 伏：藏匿。
⑦ 私稽：私藏。
⑧ 劳：使用过分。
⑨ 徙迁：调职升迁。

者不饰[1]，代者不更，则官属[2]少而民不劳。官无邪，则民不敖[3]；民不敖，则业不败。官属少，则征不烦。民不劳，则农多日。农多日，则征不烦，业不败，则草必垦矣。

重关市[4]之赋，则农恶商，商有疑惰之心。农恶商，商疑惰，则草必垦矣。

以商之口数使商，令之厮、舆、徒、重[5]者必当名，则农逸而商劳。农逸则良田不荒，商劳则去来赍[6]送之礼无通于百县。则农民不饥，行不饰[7]。农民不饥，行不饰，则公作必疾[8]，而私作不荒，则农事必胜。农事必胜，则草必垦矣。

---

① 饰：美化政绩。

② 官属：主官的属吏。

③ 敖：游嬉；闲游。

④ 关市：关，交通要道；市，贸易地点。关市指设在交通要道的市集。

⑤ 厮、舆、徒、重：厮，古代指服贱役的人。舆，古代对一种奴隶或差役的称谓。徒，服劳役的人。重，应为“童”，谓奴仆。

⑥ 赍（jī）：以物送人。

⑦ 饰：此处指讲排场。

⑧ 疾：尽力，努力。

令送粮无得取僦[1]，无得反庸，车牛舆重设[2]必当名[3]。然则往速徕[4]疾，则业不败农。业不败农，则草必垦矣。

无得为罪人请于吏而饷[5]食[6]之，则奸民无主。奸民无主，则为奸不勉[7]。为奸不勉，则奸民无朴[8]。奸民无朴，则农民不败。农民不败，则草必垦矣。

---

① 僦（jiù）：租赁。

② 设：应为“役”。

③ 当名：谓与名义相当。车牛载重须先在官府注册，其服役时的载重一定要同注册登记的一致。

④ 徕：同“来”。

⑤ 饷（xiǎng）：用食物款待。

⑥ 食（sì）：给人吃。

⑦ 勉：被鼓励。

⑧ 朴：依附。

农战第三

国待农战而安，
主待农战而尊。

凡人主之所以劝[1]民者，官爵[2]也；国之所以兴者，农战[3]也。今民求官爵，皆不以农战，而以巧言虚道[4]，此谓劳民[5]。劳民者，其国必无力；无力者，其国必削[6]。

善为国者，其教民也，皆作壹[7]而得官爵。是故不作壹，不官无爵。国去言则民朴，民朴则不淫。民见上利[8]之从壹空出也，则作壹；作壹，则民不偷营[9]；民不偷营，则多力；多力，则国强。今境内之民皆曰："农战可避，而官爵可得也。"是故豪杰[10]皆可变业，务学

---

① 劝：劝勉。
② 官爵：官职和爵位。
③ 农战：农耕和作战。
④ 虚道：空洞的道理。
⑤ 劳民：使民众懒惰。劳，使……懒。
⑥ 削：削弱。
⑦ 作壹：指专心务农。
⑧ 利：爵禄的奖赏。
⑨ 偷营：苟且谋求其他事务。
⑩ 豪杰：才能出众的人。

《诗》[①]《书》[②]，随从外权[③]，上可以求显，下可以求官爵；要靡[④]事商贾，为技艺，皆以避农战。具备，国之危也。民以此为教者，其国必削。

善为国者，仓廪[①]虽满，不偷[⑥]于农；国大民众，不淫于言，则民朴壹。民朴壹，则官爵不可巧而取也。不可巧取，则奸不生。奸不生，则主不惑。今境内之民及处官爵者，见朝廷之可以巧言辩说取官爵也，故官爵不可得而常也。是故进则曲[⑦]主，退则虑所以实其私[⑧]，然则下卖权[⑨]矣。夫曲主虑私，非国利也，而为之者，以其爵禄也；下卖权，非忠臣也，而

---

① 《诗》：中国最早的诗歌总集。本只称《诗》，儒家列为经典之一，故称《诗经》。编成于春秋时代，共三百零五篇。

② 《书》：《尚书》，亦称《书经》。儒家经典。“尚”即“上”，上代以来之书，故名。中国上古关于尧、舜和夏、商、周至秦穆公的历史文件和部分追述古代事迹著作的汇编。

③ 外权：指其他诸侯国的权势。

④ 要靡：指平庸的人。

① 仓廪（lǐn）：贮藏米谷的仓库。

⑥ 偷：放松；马虎。

⑦ 曲：曲意逢迎。

⑧ 私：利己，私利。

⑨ 卖权：卖弄权势。

为之者，以末货[①]也。然则下官之冀迁者[②]皆曰：“多货，则上官可得而欲也。”曰：“我不以货事上而求迁者，则如以狸饵[③]鼠尔[④]，必不冀矣。若以情事上而求迁者，则如引诸绝绳[⑤]而求绳[⑥]枉木[⑦]也，愈不冀矣。二者不可以得迁，则我焉得无下动[⑧]众取货以事上，而以求迁乎？”百姓曰：“我疾农，先实公仓，收余以食[⑨]亲。为上忘生而战，以尊主安国也。仓虚，主卑，家贫，然则不如索[⑩]官。”亲戚交游合，则更虑矣。豪杰务学《诗》《书》，随从外权；要靡事商贾，为技艺，皆以避农战。民以此为教，则粟焉得无少，而兵焉得无弱也？

---

① 末货：追逐货利。
② 冀迁者：希望升官的人。
③ 饵：引诱。
④ 尔：句末语气词。犹耳，而已。
⑤ 绳：木工用的墨线。
⑥ 绳：使……直。
⑦ 枉木：弯曲的木材。
⑧ 动：役使。
⑨ 食（sì）：供养。
⑩ 索：谋取。

善为国者，官法明，故不任知虑[1]。上作壹，故民不偷营[2]，则国力抟[3]。国力抟者强，国好言谈者削。故曰：农战之民千人，而有《诗》《书》辩慧者一人焉，千人者皆怠于农战矣。农战之民百人，而有技艺者一人焉，百人者皆怠于农战矣。国待[4]农战而安，主待农战而尊。夫民之不农战也，上好言而官失常[5]也。常官则国治，壹务则国富。国富而治，王之道也。故曰：王道作外，身作壹而已矣。

今上论[6]材[7]能知慧而任之，则知慧之人希[8]主好恶，使官制物[9]以适主心。是以官无常，国乱而不壹，辩说之人而无法[10]也。如比，则民务焉得无多？而地焉

---

① 知虑：有智慧和谋略的人。
② 偷营：私下经营农耕作战以外的行业。
③ 抟（tuán）：集中。
④ 待：需要，依赖。
⑤ 常：规则。
⑥ 论：衡量；判定。
⑦ 材：同“才”。
⑧ 希：通“睎”，揣摩，迎合。
⑨ 制物：处理政务。
⑩ 无法：目无法纪，无法无天。

得无荒?《诗》《书》、礼、乐、善、修、仁、廉、辩、慧，国有十者，上无使守战。国以十者治，敌至必削，不至必贫。国去此十者，敌不敢至；虽至，必却。兴兵而伐，必取；按兵不伐，必富。国好力者以难攻，以难攻者必兴；好辩者以易攻，以易攻者必危。故圣人明君者，非能尽其万物也，知万物之要也。故其治国也，察要而已矣。

今为国者多无要[①]。朝廷之言治也，纷纷[②]焉务相易也。是以其君惛[③]于说，其官乱于言，其民惰而不农。故其境内之民，皆化而好辩乐学，事商贾，为技艺，避农战。如此，则不远矣。国有事，则学民恶法，商民善化，技艺之民不用，故其国易破也。夫农者寡而游食者众，故其国贫危。今夫螟[④]、螣[⑤]、

---

① 要：要领。

② 纷纷：众多貌。形容七嘴八舌、众说纷纭的样子。

③ 惛（hūn）：不明了；糊涂。

④ 螟（míng）：螟蛾的幼虫。一种蛀食稻心的害虫。

⑤ 螣（tè）：同“蟘”，食苗叶的小虫。

蛴螬[1]春生秋死，一出而民数年不食。今一人耕而百人食之，此其为螟、螣、蛴螬亦大矣。虽有《诗》《书》，乡一束，家一员，犹无益于治也，非所以反之之术也。故先王反之于农战。故曰：百人农一人居者，王；十人农一人居者，强；半农半居者，危。故治国者欲民者之农也。国不农，则与诸侯争权不能自持也，则众力不足也。故诸侯挠[2]其弱，乘[3]其衰，土地侵削而不振，则无及已。

圣人知治国之要，故令民归心于农。归心于农，则民朴而可正也，纯纯[4]则易使也，信可以守战也。壹则少诈而重居[5]，壹则可以赏罚进也，壹则可以外用也。夫民之亲上死[6]制[7]也，以其旦暮从事于农。夫民之不可用也，见言谈游士事君之可以尊身也，商贾之可以富

---

① 蛴螬（qú shǔ）：蛴，即蛇蛴。螬，鳞翅目昆虫的幼虫。
② 挠：侵扰。
③ 乘：进攻。
④ 纯纯：诚恳的样子。
⑤ 重居：安土重迁。
⑥ 死：为……而死。
⑦ 制：法度。

家也，技艺之足以糊口[1]也。民见此三者之便且利也，则必避农。避农，则民轻其居，轻其居则必不为上守战也。凡治国者，患民之散而不可抟也。是以圣人作壹，抟之也。国作壹一岁者，十岁强；作壹十岁者，百岁强；作壹百岁者，千岁强；千岁强者王。君修赏罚以辅壹教，是以其教有所常，而政有成也。

王者得治民之至要，故不待赏赐而民亲上，不待爵禄而民从事，不待刑罚而民致死。国危主忧，说者成伍，无益于安危也。夫国危主忧也者，强敌大国也。人君不能服强敌、破大国也，则修守备，便[2]地形，抟民力，以待外事[3]，然后患可以去，而王可致也。是以明君修政作壹，去无用，止浮学事淫之民，壹之农，然后国家可富，而民力可抟也。

今世主皆忧其国之危而兵之弱也，而强听说者。

---

① 糊口：勉强维持生活，填饱肚子。

② 便：熟悉。

③ 外事：外来入侵。

说者成伍，烦[1]言饰辞，而无实用。主好其辩，不求其实。说者得意，道路曲辩，辈辈成群。民见其可以取王公大人也，而皆学之。夫人聚党与，说议于国，纷纷焉，小民乐之，大人说[2]之。故其民农者寡而游食者众。众，则农者殆；农者殆，则土地荒。学者成俗，则民舍农从事于谈说，高言伪议。舍农游食而以言相高也，故民离上而不臣者成群。此贫国弱兵之教也。夫国庸[3]民以言，则民不畜[4]于农。故惟明君知好言之不可以强兵辟土也，惟圣人之治国作壹，抟之于农而已矣。

---

① 烦：繁杂。

② 说：“悦”的古字。

③ 庸：任用。

④ 畜（xù）：取悦，讨好。此处意为喜欢。

去强第四

王者刑九赏一，
强国刑七赏三，
削国刑五赏五。

以强[1]去强[2]者，弱[3]；以弱[4]去强者，强。国为善，奸必多。国富而贫治，曰重富，重富者强；国贫而富治，曰重贫，重贫者弱。兵行敌所不敢行，强；事兴敌所羞为[5]，利。主贵多变[6]，国贵少变[7]。国少物[8]，削；国多物，强。千乘[9]之国守千物者削。战事兵用而国强，战乱[10]兵息而国削。

农、商、官三者，国之常官也。三官者，生虱

---

① 强：强民政策，即后文所说“礼、乐、《诗》《书》、善、修、孝、弟、廉、辩”。

② 强：不服从法令的民众。

③ 弱：指君主的统治被削弱。

④ 弱：弱民政策，即重赏罚以使民众守法。

⑤ 事兴敌所羞为：不把战争当作羞耻之事，排斥儒家的仁义道德。

⑥ 多变：多谋善变。

⑦ 少变：法制稳定。

⑧ 物：指财物。

⑨ 乘（shèng）：古时一车四马为一乘。

⑩ 乱：军阵安排混乱。

官[1]者六：曰岁[2]，曰食[3]，曰美[4]，曰好[5]，曰志[6]，曰行[7]。六者有朴，必削。三官之朴三人，六官之朴一人。以法治者，强；以政治者，削。常官治省，迁官治大。治大[8]，国小；治小[9]，国大。强之，重削；弱之，重强。夫以强攻强者亡，以弱攻强者王。国强而不战，毒[10]输于内，礼乐虱官生，必削；国遂战，毒输于敌，国无礼乐虱官，必强。举劳任功曰强，虱官生必削。农少、商多，贵人贫、商贫、农贫，三官贫，必削。

---

① 虱（shī）官：应为“虱害”。比喻寄生作恶的人或有害的事物。本篇“虱官”均为“虱害”之误。

② 岁：农民游惰，使年岁歉收。

③ 食：农民不务本业，白吃粮米。

④ 美：商人贩卖华丽的东西。

⑤ 好：商人买卖稀奇的物品。

⑥ 志：官吏营私舞弊的思想。

⑦ 行：官吏贪赃枉法的行为。

⑧ 治大：政治措施博大，指采用儒家所提倡的政治措施。

⑨ 治小：政治措施简省，指用法律来治国。

⑩ 毒：毒害，此处指不从事战争而产生的懈怠情绪。

国有礼、有乐、有《诗》、有《书》、有善、有修、有孝[①]、有弟[②]、有廉、有辩。国有十者，上无使战，必削至亡；国无十者，上有使战，必兴至王。国以善民治奸民者，必乱至削；国以奸民治善民者，必治至强。国用《诗》《书》、礼、乐、孝、弟、善、修治者，敌至，必削国；不至，必贫。国不用八者治，敌不敢至，虽至必却。兴兵而伐，必取；取，必能有之；按兵而不攻，必富。国好力，曰以难攻；国好言，曰以易攻。国以难攻者，起一得十；国以易攻者，出十亡百。

重罚轻赏[③]，则上爱民，民死上；重赏轻罚，则上不爱民，民不死上。兴国行罚，民利且畏；行赏，民利且爱。国无力而行知巧[④]者，必亡。怯民使以刑，必勇；勇民使以赏，则死。怯民勇，勇民死，国无敌者强，强必王。贫者使以刑，则富；富者使以赏，则贫。

---

① 孝：古代的道德规范。儒家指养亲、尊亲。

② 弟：同“悌”，敬爱兄长。

③ 轻赏：不滥加赏赐。

④ 知巧：智谋巧诈。

治国能令贫者富，富者贫，则国多力[1]，多力者王。王者刑九赏一，强国刑七赏三，削国刑五赏五。

国作壹一岁，十岁强；作壹十岁，百岁强；作壹百岁，千岁强。千岁强者，王。威，以一取十，以声取实[2]，故能为威者王。能生不能杀[3]，曰自攻之国，必削；能生能杀，曰攻敌之国，必强。故攻官[4]、攻力、攻敌，国用其二舍其一，必强；令[5]用三者，威，必王。

十里[6]断[7]者，国弱；九里断者，国强。以日治者王，以夜治者强，以宿治者削。

举民众口数，生者著[8]，死者削[9]。民不逃粟，野

① 多力：实力雄厚。
② 以声取实：凭借名声来取得实力。
③ 杀：消灭，消除。此处意为在攻打敌人时消耗实力。
④ 攻官：应为“攻害”，消灭虱害。
⑤ 令：如果。
⑥ 里：古时居民聚居的地方。此处指长度单位。
⑦ 断：决断。
⑧ 著：此处意为登记。
⑨ 削：删除。

无荒草，则国富，国富者强。

以刑去刑[①]，国治；以刑致刑[②]，国乱。故曰：行刑重轻，刑去事成，国强；重重而轻轻[③]，刑至事生，国削。刑生力，力生强，强生威，威生惠[④]，惠生于力。举力以成勇战，战以成知谋。

金生而粟死，粟生而金生。本物贱[⑤]，事者众，买者少，农困而奸劝[⑥]，其兵弱，国必削至亡。金一两生于竟[⑦]内，粟十二石[⑧]死于竟外；粟十二石生于竟内，金一两死于竟外。国好生金于竟内，则金粟两死，仓府两虚，国弱；国好生粟[⑨]于竟内，则金粟两生，仓府两实，国强。

---

① 以刑去刑：指对轻罪使用重刑。
② 以刑致刑：指对重罪使用轻刑。
③ 重重而轻轻：重罪重罚，轻罪轻罚，用刑轻重不一。
④ 惠：恩惠。
⑤ 贱：价格低贱。
⑥ 奸劝：奸诈的商人受到鼓励。
⑦ 竟：通“境”，疆界。
⑧ 石（dàn）：旧重量单位，一百二十市斤为一石。
⑨ 生粟：注重农业，发展粮食生产。

强国知十三数[1]：竟内仓、口[2]之数，壮男、壮女之数，老、弱之数，官、士之数，以言说取食者之数，利民之数，马、牛、刍藁[3]之数。欲强国，不知国十三数，地虽利[4]，民虽众，国愈弱至削。

国无怨民曰强国。兴兵而伐，则武爵武任[5]，必胜。按兵而农，粟爵粟任[6]，则国富。兵起而胜敌、按兵而国富者王。

---

① 数：数目。
② 口：指总人口。
③ 刍藁（gǎo）：牲口吃的草料。
④ 利：富饶。此处意为土地肥沃。
⑤ 武爵武任：按军功的多少授予官职和爵位。
⑥ 粟爵粟任：按生产缴纳粮食的多少授予官职和爵位。

说民第五

民胜其政，国弱；政胜其民，兵强。

辩慧，乱之赞[1]也；礼乐，淫佚[2]之征[3]也；慈仁，过之母也；任举[4]，奸之鼠[5]也。乱有赞则行，淫佚有征则用，过有母则生，奸有鼠则不止。八者有群[6]，民胜其政[7]；国无八者，政胜其民[8]。民胜其政，国弱；政胜其民，兵强。故国有八者，上无以使守战，必削至亡。国无八者，上有以使守战，必兴至王。

用善，则民亲[9]其亲；任奸，则民亲[10]其制。合[11]而复[12]者，善也；别[13]而规[14]者，奸也。章[15]善，则过匿；

---

① 赞：佐助。
② 淫佚：纵欲放荡。
③ 征：迹象。
④ 任举：引荐保举。
⑤ 鼠：通“处”，指庇护的场所。
⑥ 群：结成群。
⑦ 民胜其政：民众不遵从政令。
⑧ 政胜其民：政令控制民众。
⑨ 亲：爱。
⑩ 亲：拥护，依从。
⑪ 合：协同。
⑫ 复：通“覆”，互相掩盖过失。
⑬ 别：疏远分开。
⑭ 规：互相监督。
⑮ 章：通“彰”，表彰。

任奸，则罪诛。过匿，则民胜法；罪诛，则法胜民。民胜法，国乱；法胜民，兵弫。故曰：以良民治，必乱至削；以奸民治，必治至强。

国以难攻，起一取十[①]；国以易攻，出十亡百。国好力曰以难攻，国好言曰以易攻。民易为言，难为用[②]。国法作[③]民之所难[④]，兵用民之所易[⑤]而以力攻者，起一得十；国法作民之所易，兵用民之所难而以言攻者，出十亡百。

罚重，爵尊；赏轻，刑威[⑥]。爵尊，上爱民；刑威，民死上。故兴国行罚，则民利；用赏，则上重。法详，则刑繁；法繁[⑦]，则刑省。民不治则乱，乱而治之

---

① 起一取十：用一分力量能取得十分效果。

② 用：役使。

③ 作：兴起，促成。

④ 民之所难：民众所畏难的行为，指被役使出力。

⑤ 民之所易：民众不畏难的行为，指空谈。

⑥ 威：威严。

⑦ 法繁：应为“法简”，法令简明。

又乱。故治之于其治[1]，则治；治之于其乱[2]，则乱。民之情也治，其事也乱。故行刑，重其轻者，轻者不生[3]，则重者无从至矣，此谓治之于其治者。行刑，重其重者，轻其轻者，轻者不止，则重者无从止矣，此谓治之于其乱也。故重轻，则刑去事成，国强；重重而轻轻，则刑至而事生，国削。

民勇，则赏之以其所欲；民怯，则杀之以其所恶[4]。故怯民使之以刑则勇，勇民使之以赏则死。怯民勇，勇民死，国无敌者，必王。

民贫则国弱，富则淫，淫则有虱，有虱则弱。故贫者益之以刑，则富；富者损之以赏，则贫。治国之举，贵令贫者富，富者贫。贫者富，国强；富者贫，三官无虱。国久强而无虱者，必王。

---

① 于其治：在社会安定的时候。

② 于其乱：在社会混乱的时候。

③ 轻者不生：轻微的犯罪就不会发生。

④ 杀之以其所恶：用他们讨厌的刑罚消除他们的胆怯。

刑生力，力生强，强生威，威生德[1]，德生于刑。故刑多，则赏重；赏少[2]，则刑重。民之有欲有恶也，欲有六淫，恶有四难[3]。从六淫，国弱；行四难，兵强。故王者刑于九而赏出一。刑于九，则六淫止；赏出一，则四难行。六淫止，则国无奸；四难行，则兵无敌。

民之所欲万，而利之所出[4]一。民非一，则无以致欲[5]，故作一。作一，则力抟；力抟，则强。强而用，重强。故能生力，能杀力，曰攻敌之国，必强。塞私道[6]以穷其志，启[7]一门以致其欲，使民必先行其恶，然后致其所欲，故力多。力多而不用，则志[8]穷；志穷，

---

① 德：恩德。
② 赏少：指奖赏严谨不滥。
③ 四难：指务农、力战、出钱、告奸。
④ 所出：来源。
⑤ 欲：此处特指爵禄。
⑥ 私道：谋求个人私利的门路。
⑦ 启：打开。
⑧ 志：心意，愿望。

则有私；有私，则有弱。故能生力，不能杀力，曰自攻之国，必削。故曰：王者，国不蓄力，家不积粟。国不蓄力，下用也；家不积粟，上藏[①]也。

国治：断家王，断官强，断君弱。重轻，刑去。常官，则治。省刑，要保[②]，赏不可倍[③]也。有奸必告之，则民断于心。上令而民知所以应[④]，器[⑤]成于家而行于官，则事断于家。故王者刑赏断于民心，器用断于家。治明[⑥]则同[⑦]，治暗则异。同则行，异则止。行则治，止则乱。治，则家断[⑧]；乱，则君断。治国者贵下断[⑨]，故以十里断者弱，以五里断者强。家断则

---

① 藏：储藏。

② 要保：指建立什伍的制度，使人民互相约束，互相担保。

③ 倍：同“背”，背弃，失信。

④ 应：响应。

⑤ 器：古代宗庙祭祀所用的礼器、标志爵位名号的器物以及武器都被称为“器”。

⑥ 治明：政治清明。

⑦ 同：同心协力。

⑧ 家断：（民众）在家族中就能判断对错。

⑨ 下断：在民众中做出决断。

有余，故曰：日治者王。官断则不足，故曰：夜治者强。君断则乱，故曰：宿治者削。故有道之国，治不听君，民不从官[①]。

① 治不听君，民不从官：官吏处理政务不必听从君主，民众处理事务也不必听从官吏。

算地第六

民胜其地，务开；
地胜其民者，事徕。

凡世主之患[1]，用兵者不量[2]力，治草莱[3]者不度[4]地。故有地狭而民众者，民胜[5]其地；地广而民少者，地胜其民。民胜其地，务[6]开[7]；地胜其民者，事徕[8]。开徕，则行倍[9]。民过地，则国功寡而兵力少；地过民，则山泽财物不为用。夫弃天物、遂民淫[10]者，世主之务过也，而上下事之，故民众而兵弱，地大而力小。故[11]为国任[12]地者：山林居[13]什一[14]，薮[15]泽居什一，谿[16]

---

① 患：弊病。
② 量：衡量。
③ 草莱：土地荒芜。
④ 度（duó）：计算。
⑤ 胜：超过。
⑥ 务：从事。
⑦ 开：开垦。
⑧ 徕：招徕。
⑨ 行倍：国力将成倍地增长。
⑩ 弃天物、遂民淫：放弃自然资源，任民众游手好闲。
⑪ 故：旧，意为古时候。
⑫ 任：利用，使用。
⑬ 居：占。
⑭ 什一：十分之一。
⑮ 薮（sǒu）：湖泽的通称。亦专指少水的泽地。
⑯ 谿（xī）：同“溪”。山间的流水。亦指小河沟。

谷流水居什一，都邑蹊[1]道居什一，恶田居什二，良田居什四，此先王之正律也。故为国分田数：小亩五百，足待[2]一役，此地不任也；方土百里，出战卒万人者，数小[3]也。此其垦田[4]足以食其民，都邑遂路足以处其民，山林、薮泽、谿谷足以供其利[5]，薮泽堤防足以畜[6]。故兵出，粮给而财有余；兵休，民作而畜长足。此所谓任地待役之律也。

今世主有地方数千里，食不足以待役[7]实仓[8]，而兵为邻敌，臣故为世主患之。夫地大而不垦者，与无地同；民众而不用者，与无民同。故为国之数[9]，务在垦草；用兵之道，务在壹赏[10]。私利塞于外，则民务

---

① 蹊（xī）：山路。亦泛指小路。
② 待：养活。
③ 数小：人数少。意为人数少于土地数量。
④ 垦田：已开垦的田地。
⑤ 利：此处意为资源、原材料。
⑥ 畜：通“蓄”，积蓄水源。
⑦ 待役：准备打仗。
⑧ 实仓：装满粮仓。
⑨ 数：方法。
⑩ 壹赏：实行统一的奖赏。

属[1]于农；属于农，则朴；朴，则畏令。私赏禁于下，则民力抟于敌；抟于敌，则胜。奚[2]以知其然也？夫民之情，朴则生劳而易力[3]，穷则生知而权利[4]。易力则轻死而乐用，权利则畏罚而易苦。易苦则地力尽，乐用[5]则兵力尽。夫治国者，能尽地力而致民死[6]者，名与利交至。

民之性[7]：饥而求食，劳而求佚[8]，苦则索乐，辱则求荣[9]，此民之情也。民之求利，失礼之法；求名，失性之常。奚以论其然也？今夫盗贼，上犯君上之所禁，而下失臣民之礼，故名辱而身危，犹不止

---

① 属：依托。
② 奚：何，疑问副词。
③ 易力：不吝惜自己的力量。
④ 权利：衡量个人得失。
⑤ 乐用：乐于被君主任用。
⑥ 民死：徇死效力。
⑦ 性：本性。
⑧ 求佚：寻求安逸。
⑨ 求荣：追求荣耀。

者，利也。其上世之士，衣不煖肤[①]，食不满肠，苦其志意，劳其四肢，伤其五脏，而益裕广耳[②]，非生[③]之常也，而为之者，名也。故曰：名利之所凑[④]，则民道之。

主操[⑤]名利之柄[⑥]而能致功名者，数[⑦]也。圣人审权[⑧]以操柄，审数[⑨]以使民。数者，臣主之术[⑩]，而国之要也。故万乘失数而不危，臣主失术而不乱者，未之有也。今世主欲辟地[⑪]治民而不审数，臣欲尽其事而不立术，故国有不服之民，主有不令[⑫]之臣。故圣人之为国

---

① 煖（xuān）肤：温暖皮肤，保暖。煖，同“煊”，温暖。

② 益裕广耳：心胸更加宽广。

③ 生：同“性”，天性。

④ 凑：聚集。

⑤ 操：掌握。

⑥ 柄：权力。

⑦ 数：此处意为君主的统治策略和手段。

⑧ 审权：审慎运用权势。

⑨ 审数：讲究统治方法。

⑩ 术：君主的统治策略和手段。

⑪ 辟地：开辟土地。

⑫ 不令：不听命。

也，入令民以属农[①]，出令民以计战[②]。夫农，民之所苦；而战，民之所危[③]也。犯[④]其所苦，行其所危者，计也。故民生则计利，死则虑名。名利之所出，不可不审也。利出于地，则民尽力；名出于战，则民致死。入使民尽力，则草不荒；出使民致死，则胜敌。胜敌而草不荒，富强之功可坐而致也。

今则不然。世主之所以加[⑤]务者，皆非国之急也。身有尧、舜之行[⑥]，而功不及汤、武之略者，此执柄[⑦]之罪也。臣请语其过。夫治国舍势而任说[⑧]说，则身修[⑨]而功寡。故事[⑩]《诗》《书》谈说之士，则民游而轻其君；

① 入令民以属农：对内让民众关注农业。
② 出令民以计战：对外让民众考虑对敌作战。
③ 危：以为危险，害怕。
④ 犯：触及，此指从事。
⑤ 加：更加。
⑥ 行：品行。
⑦ 执柄：指君主。
⑧ 说：此字应为“谈”。
⑨ 身修：自身修养好。
⑩ 事：任用。

事处士[①]，则民远而非其上；事勇士[②]，则民竞[③]而轻其禁；技艺之士用，则民剽[④]而易徙；商贾之士佚且利，则民缘[⑤]而议其上。故五民加于国用，则田荒而兵弱。谈说之士，资[⑥]在于口；处士，资在于意[⑦]；勇士，资在于气[⑧]；技艺之士，资在于手；商贾之士，资在于身。故天下一宅[⑨]，而圜[⑩]身资。民资重于身，而偏托势于外[⑪]。挟重资，归偏家，尧、舜之所难也。故汤、武禁之，则功立而名成。圣人非能以世之所易胜其所难也，必以其所难胜其所易。故民愚，则知可以胜之；世

---

① 处士：隐逸之士。
② 勇士：勇敢之士。
③ 竞：争强好胜。
④ 剽：轻捷。
⑤ 缘：攀附。
⑥ 资：资本，指谋取利益的凭借。
⑦ 意：高洁心志。
⑧ 气：勇气。
⑨ 天下一宅：四海为家。
⑩ 圜（huán）：通“环”，环绕，引申为携带。
⑪ 偏托势于外：在国外寻求势力来依附。

知，则力可以胜之。臣愚，则易力而难巧[①]；世巧，则易知而难力。故神农教耕而王天下，师[②]其知也；汤、武致强而征诸侯，服[③]其力也。今世巧[④]而民淫，方效[⑤]汤、武之时，而行神农之事，以随[⑥]世禁[⑦]。故千乘惑乱，此其所加务者，过也。

民之生：度而取长，称而取重，权而索利。明君慎观三者，则国治[⑧]可立，而民能可得。国之所以求[⑨]民者少，而民之所以避求[⑩]者多，入使民属于农，出使民壹于战，故圣人之治也，多禁以止能[⑪]，任力以穷

---

① 难巧：难以有技巧。
② 师：学习。
③ 服：征服。
④ 巧：机巧。
⑤ 方效：仿效。
⑥ 随：此处借为“堕”，毁坏。
⑦ 禁：忌讳，指忌讳用强力。
⑧ 国治：指治理天下的正确原则。
⑨ 求：要求。
⑩ 避求：躲避国君的约束。
⑪ 止能：限制对农战不利的才能的发挥。

诈[1]。两者偏[2]用，则境内之民壹；民壹，则农；农，则朴；朴，则安居而恶出。故圣人之为国也，民资藏于地，而偏托[3]危于外。资藏于地则朴，托危[4]于外则惑。民入则朴，出则惑，故其农勉而战戢[5]也。民之农勉则资重，战戢则邻危。资重则不可负而逃，邻危则不归于[6]。无资归危外托，狂夫之所不为也。故圣人之为国也，观俗立法则治，察国事本则宜。不观时俗，不察国本，则其法立而民乱，事剧[7]而功寡。此臣之所谓过也。

夫刑者，所以禁邪[8]也；而赏者，所以助禁[9]也。

---

① 穷诈：杜绝欺诈行为。

② 偏：通“遍”，普遍。

③ 托：凭借。

④ 危：通“诡”，欺诈。

⑤ 戢（jí）：通“辑”，聚集。

⑥ 于：“于”字后似脱“外”字，指逃到外国。

⑦ 事剧：政务繁忙。

⑧ 禁邪：禁止奸邪的工具。

⑨ 助禁：辅助刑罚的工具。

羞辱劳苦[1]者，民之所恶也；显荣佚乐[2]者，民之所务也。故其国刑不可恶，而爵禄不足务也，此亡国之兆也。刑人复[3]漏[4]，则小人[5]辟淫而不苦刑，则徼幸[6]于上以利求。显荣之门不一[7]，则君子事势以成名。小人不避其禁，故刑烦。君子不设[8]其令，则罚舛。刑烦而罚行者，国多奸，则富者不能守其财，而贫者不能事其业，田荒而国贫。田荒，则民诈生；国贫，则上匮赏。故圣人之为治也，刑人无国位，戮人[9]无官任。刑人有列[10]，则君子下其位；衣锦食肉，则小人冀其利。君子下其位则羞功，小人冀其利则伐奸。故刑戮者所以止奸也，而官爵者所以劝功也。今国立爵而民羞之，

---

① 羞辱劳苦：羞耻、侮辱、疲劳、痛苦。

② 显荣佚乐：显贵、光荣、安逸、快乐。

③ 复：隐藏。

④ 漏：漏网。

⑤ 小人：指百姓。

⑥ 徼幸：亦作“侥幸”，获得意外的成功或免去不幸。

⑦ 不一：不出于一个门路。

⑧ 设：执行。

⑨ 戮人：犯过罪的人。

⑩ 有列：指位列朝班。

设刑而民乐之，此盖法术之患也。故君子操权一正[1]以立术，立官贵爵以称[2]之，论荣[3]举功以任之，则是上下之称平。上下之称平，则臣得尽其力，而主得专其柄。

① 正：政。
② 称：配合，相当。
③ 荣：一说应为“劳”。

开塞第七

今有主而无法，其害与无主同；有法不胜其乱，与无法同。

天地设[1]而民生之。当此之时也，民知其母而不知其父，其道亲亲而爱私。亲亲则别[2]，爱私则险[3]。民众，而以别、险为务，则民乱。当此时也，民务胜而力征[4]。务胜则争，力征则讼[5]，讼而无正[6]，则莫得其性也。故贤者立中正[7]，设无私，而民说仁。当此时也，亲亲废，上贤[8]立矣。凡仁者以爱利[9]为务，而贤者以相出[10]为道。民众而无制，久而相出为道，则有乱。故圣人承[11]之，作为土地、货财、男女之分[12]。分定而无制，不可，故立禁；禁立而莫之司[13]，不可，故立官；官设

---

① 天地设：开天辟地。

② 别：别亲疏。

③ 险：心存邪恶，狠毒。

④ 征：争夺，夺取。

⑤ 讼：争论是非。

⑥ 无正：没有正确的准则。

⑦ 中正：不偏不倚的标准。

⑧ 上贤：崇尚有才德之人。上，通“尚”，崇尚。

⑨ 爱利：爱护、方便他人。

⑩ 相出：推举贤人。

⑪ 承：顺承。此处意为顺应当时社会的发展形势。

⑫ 分：名分。此处意为确定所有权和区分界线。

⑬ 司：掌管。

而莫之一[①]，不可，故立君。既立君，则上贤废而贵贵[②]立矣。然则上世[③]亲亲而爱私，中世[④]上贤而说仁，下世[⑤]贵贵而尊官。上贤者以道相出也，而立君者使贤无用也。亲亲者以私为道也，而中正者使私无行也。此三者非事相反也，民道弊[⑥]而所重易也，世事变而行道异也。

故曰：王道有绳[⑦]。夫王道一端[⑧]，而臣道亦一端，所道则异，而所绳则一也。故曰：民愚，则知可以王；世知，则力可以王。民愚，则力有余而知不足；世知，则巧有余而力不足。民之生：不知则学，力尽而服[⑨]。故神农教耕而王天下：师其知也；汤、武致强而

---

① 莫之一：没有人统一领导他们。
② 贵贵：尊重显贵的思想。
③ 上世：指上古时期，大体指母系社会向父系社会过渡的时期。
④ 中世：指中古时期，大体指黄帝至尧、舜、禹时期。
⑤ 下世：指近古时期，大体指夏、商、周三代。
⑥ 弊：有害。指有害于治理而导致混乱。
⑦ 绳：标准。
⑧ 一端：一个方面。
⑨ 服：服输。

征诸侯，服其力也。夫民愚，不怀知而问；世知，无余力而服。故以知王天下者并刑[1]，以力征诸侯者退德。

圣人不法古，不修[2]今。法古则后[3]于时，修今则塞[4]于势。周不法商，夏不法虞，三代异势[5]，而皆可以王。故兴王有道，而持之异理。武王逆取[6]而贵顺，争天下而上让[7]。其取之以力，持之以义。今世强国事兼并，弱国务力守，上不及虞、夏之时，而下不修汤、武。汤、武之道塞，故万乘莫不战，千乘莫不守。此道之塞久矣，而世主莫之能废也，故三代不四。非明主莫有能听也，今日愿启之以效。

---

① 并刑：抛弃刑罚。并，通“屏”，屏除。
② 修：遵循。
③ 后：落后。
④ 塞：被阻碍。
⑤ 异势：统治方式不同。
⑥ 逆取：周武王以诸侯的身份夺取王位，不符合古代的礼法，故曰“逆取”。
⑦ 上让：崇尚谦让。

古之民朴以厚，今之民巧以伪。故效于古者，先德而治；效于今者，前刑而法。此俗之所惑也。今世之所谓义者，将立民之所好[①]，而废其所恶[②]。此其所谓不义者，将立民之所恶，而废其所乐也。二者名贸实易[③]，不可不察[④]也。立民之所乐，则民伤其所恶；立民之所恶，则民安其所乐。何以知其然也？夫民忧则思，思则出度[⑤]；乐则淫，淫则生佚。故以刑治则民威[⑥]，民威则无奸，无奸则民安其所乐。以义教则民纵，民纵则乱，乱则民伤其所恶。吾所谓利[⑦]者，义之本也；而世所谓义者，暴[⑧]之道也。夫正民[⑨]者，以其所恶，必终其所好；以其所好，必败其所恶。

---

① 所好：指爵禄。

② 所恶：指刑罚。

③ 名贸实易：贸，齐等。易，变易。指名称相似，实质不同。

④ 察：清楚。

⑤ 出度：做事合乎法度。

⑥ 威：通“畏”，害怕。

⑦ 利：应为“刑”，刑罚。

⑧ 暴：暴乱。

⑨ 正民：治理民众。

治国刑多而赏少，故王者刑九而赏一，削国赏九而刑一。夫过有厚薄，则刑有轻重；善有大小，则赏有多少。此二者，世之常用也。刑加于罪所终①，则奸不去；赏施于民所义，则过不止。刑不能去奸而赏不能止过者，必乱。故王者刑用于将过②，则大邪不生；赏施于告奸③，则细过不失。治民能使大邪不生，细过不失，则国治。国治必强。一国行之，境内独治。二国行之，兵则少寝④。天下行之，至德复立。此吾以杀刑之反于德而义合于暴也。

古者，民藂⑤生而群处，乱，故求有上也。然则天下之乐有上也，将以为治也。今有主而无法，其害与无主同；有法不胜⑥其乱，与无法同。天下不安无君，而

---

① 罪所终：人民已经犯了罪的时候。

② 将过：人民将要犯罪的时候。

③ 告奸：告发犯罪。

④ 寝：停止；平息。

⑤ 藂（cóng）：同“丛（叢）”。

⑥ 胜：克制，制止。

乐胜其法，则举世以为惑也。夫利天下之民者莫大于治，而治莫康[1]于立君，立君之道莫广于胜法，胜法之务莫急于去奸，去奸之本莫深于严刑。故王者以赏禁，以刑劝；求过不求善，借刑以去刑。

---

① 康：安。

壹言第八

国务壹，则民应用；
事本抟，则民喜农而乐战。

凡将立国，制度不可不察也，治法[①]不可不慎也，国务不可不谨也，事本[②]不可不抟也。制度时，则国俗可化，而民从制[③]；治法明，则官无邪；国务壹，则民应用[④]；事本抟，则民喜农而乐战。夫圣人之立法化俗，而使民朝夕从事于农也，不可不知也。夫民之从事死制也，以上之设荣名、置赏罚之明也，不用辩说[⑤]私门[⑥]而功立矣。故民之喜农而乐战也，见上之尊农战之士，而下[⑦]辩说技艺之民，而贱游学之人也。故民壹务，其家必富，而身显于国。上开公利而塞私门，以致民力；私劳不显于国，私门不请于君。若此，而功臣劝，则上令行而荒草辟，淫民止而奸无萌。治国能抟民力而壹民务者，强；能事本而禁末者，富。

① 治法：政策法令。
② 事本：专心于农战。
③ 从制：服从制度。
④ 应用：服从国家调用。
⑤ 辩说：空谈。
⑥ 私门：请托私人门路。
⑦ 下：轻视。

夫圣人之治国也，能抟力，能杀力。制度察则民力抟，抟而不化[①]则不行，行而无富[②]则生乱。故治国者，其抟力也，以富国强兵也；其杀力也，以事[③]敌劝民也。夫开而不塞，则短长[④]；长而不攻，则有奸。塞而不开，则民浑[⑤]；浑而不用，则力多；力多而不攻，则有虱。故抟力以壹务也，杀力以攻敌也。治国者贵民壹，民壹则朴，朴则农，农则易勤，勤则富。富者废[⑥]之以爵，不淫；淫者废之以刑，而务农。故能抟力而不能用者必乱，能杀力而不能抟者必亡。故明君知齐[⑦]二者，其国强；不知齐二者，其国削。

---

① 化：消化，消耗。
② 无富：不能获得相应的回报。
③ 事：通“剚（zì）”，插入，刺入。此处意为消灭。
④ 短长：“短”应为“知”。“知长”即智慧增长。
⑤ 民浑：民众就会糊涂愚昧。浑，糊涂。
⑥ 废：衰败，此处意为削减。
⑦ 齐：通“剂”，调和，调剂。

夫民之不治者，君道卑[1]也；法之不明者，君长乱[2]也。故明君不道卑、不长乱也；秉权而立，垂[3]法而治，以得奸于上，而官无不[4]；赏罚断，而器用有度。若此，则国制明而民力竭，上爵尊而伦徒举[5]。今世主皆欲治民，而助之以乱；非乐以为乱也，安其故而不窥[6]于时也。是上法古而得其塞，下修[7]今而不时移[8]，而不明世俗之变，不察治民之情，故多赏以致刑，轻刑以去赏。夫上设刑而民不服，赏匮[9]而奸益多。故民之于上也，先刑而后赏。故圣人之为国也，不法古不修今，因世而为之治，度俗[10]而为之法。故法不察民之情

---

① 卑：卑下，此处指平庸。
② 长乱：助长了动乱的因素。
③ 垂：根据。
④ 不：通“否（pǐ）”，恶，不善。
⑤ 伦徒举：民众也能被任用。伦徒，民众。
⑥ 窥：从小孔、缝隙或隐僻处察看。此处意为弄明白。
⑦ 修：拘守。
⑧ 时移：因时而变。
⑨ 赏匮：奖赏用尽了财物。
⑩ 度俗：考察社会风俗。

而立之，则不成；治宜于时而行之，则不干[①]。故圣王之治也，慎为[②]、察务[③]，归心于壹而已矣。

① 干：盾，古代抵御刀枪的兵器。此处意为抵触。

② 慎为：慎重立法。

③ 察务：考察时势。

错法第九

古之明君，错法而民无邪，举事而材自练，赏行而兵强。

臣闻：古之明君，错[1]法而民无邪，举事而材自练[2]，赏行而兵强。此三者，治之本也。夫错法而民无邪者，法明而民利之也。举事而材自练者，功分明；功分明，则民尽力；民尽力，则材自练。行赏而兵强者，爵禄之谓也。爵禄者，兵之实[3]也。是故人君之出爵禄也，道明[4]。道明，则国日强；道幽[5]，则国日削。故爵禄之所道，存亡之机[6]也。夫削国亡主，非无爵禄也，其所道过也。三王五霸，其所道不过爵禄，而功相万[7]者，其所道明也。是以明君之使其臣也，用必出于其劳，赏必加于其功。功赏明，则民竞于功。为国而能使其民尽力以竞于功，则兵必强矣。

---

① 错：通“措”，施行。

② 练：干练。

③ 实：指用作奖赏的财货、爵禄及各种物质利益。

④ 明：赏罚分明。

⑤ 幽：隐秘，此处指徇私舞弊。

⑥ 机：关键。

⑦ 相万：相比高一万倍。

同列而相臣妾[①]者，贫富之谓也；同实而相并兼者，强弱之谓也；有地而君或强或弱者，乱治之谓也。苟有道，里地足容身，士民可致也；苟容市井，财货可聚也。有土者不可以言贫，有民者不可以言弱。地诚任[②]，不患无财；民诚用[③]，不畏强暴。德明教行，则能以民之有为己用矣。故明主者，用非其有，使非其民。

明主之所贵，惟爵其实[④]而荣显之。不荣，则民不急列位；不显，则民不事爵；爵易得也，则民不贵上爵[⑤]；列爵禄赏不道其门，则民不以死争位矣。人生而有好恶，故民可治也。人君不可以不审好恶。好恶者，赏罚之本也。夫人情[⑥]好爵禄而恶刑罚，人君设二者以御[⑦]民之志，而立所欲焉。夫民力尽而爵随之，功

---

① 臣妾：西周、春秋时对奴隶的称谓。

② 地诚任：土地被正确使用。

③ 民诚用：民众被正确役使。

④ 实：有实际功劳的人。

⑤ 上爵：上等爵位。

⑥ 人情：人之常情。

⑦ 御：控制，驾驭。

立而赏随之。人君能使其民信于此如明日月，则兵无敌矣。

人君有爵行而兵弱者，有禄行而国贫者，有法立而治乱者。此三者，国之患也。故人君者，先便辟[①]请谒[②]而后功力，则爵行[③]而兵弱矣。民不死犯难[④]而利禄可致也，则禄行而国贫矣。法无度数[⑤]，而事日烦，则法立而治乱矣。是以明君之使其民也，使必尽力以规[⑥]其功，功立而富贵随之，无私德也，故教化成。如此，则臣忠君明，治著[⑦]而兵强矣。

故凡明君之治也，任其力不任其德，是以不忧不劳而功可立也。度数已立，而法可修。故人君者不可不慎

---

① 便辟（pián bì）：指以阿谀逢迎得到君主宠爱的近臣。便，口才辩给。辟，通“嬖（bì）”，宠幸。

② 请谒（yè）：请托求见。

③ 行：推行，颁布。

④ 犯难：冒险。此处指作战。

⑤ 度数：尺度。

⑥ 规：谋求。

⑦ 著：显著。

已也。夫离朱[1]见秋豪[2]百步之外，而不能以明目易人；乌获[3]举千钧[4]之重，而不能以多力易人。夫圣人之存体性，不可以易人。然而功可得者，法之谓也。

---

① 离朱：同“离娄”，传说中的人名，古之明目者。

② 秋豪：鸟兽在秋天新长出来的细毛。比喻极纤小的事物。

③ 乌获：战国时秦国力士。传说能举千钧之重，与力士任鄙、孟说同为秦武王宠用，位至大官。寿至八十以上。

④ 千钧：古代以三十斤为一钧。千钧，极言其重。

战法第十

王者之兵，胜而不骄，败而不怨。

凡战法必本于政胜[1]。政胜，则其民不争。不争，则无以私意，以上为意。故王者之政，使民怯于邑斗[2]，而勇于寇战[3]。民习以力攻难，故轻死。

见敌如溃，溃而不止，则免[4]。故兵法："大战胜，逐北[5]无过十里。小战胜，逐北无过五里。"

兵起而程[6]敌。政不若[7]者，勿与战；食不若者，勿与久；敌众勿为客[8]；敌尽不如，击之勿疑。故曰：兵大律[9]在谨，论[10]敌察众，则胜负可先知也。

王者之兵，胜而不骄，败而不怨。胜而不骄者，术明也；败而不怨者，知所失也。

若兵敌强弱，将贤则胜，将不如则败。若其政出庙

---

① 政胜：意为政令能制服国内的民众或国内政治占优势。
② 邑斗：在乡里械斗。
③ 寇战：和敌人作战。
④ 免：不再追赶。
⑤ 逐北：追击败兵。北，指败逃者。
⑥ 程：衡量。
⑦ 不若：赶不上。
⑧ 客："攻者为客"，谓自外攻入。
⑨ 大律：重大法则。
⑩ 论：研究。

算[1]者，将贤亦胜，将不如亦胜。

政久持胜术者，必强至王。若民服而听上，则国富而兵胜，行是[2]，必久王。

其过失，无敌[3]深入，偝险[4]绝塞[5]，民倦且饥渴，而复遇疾，此败道也。故将使民若乘良马者，不可不齐也。

---

① 庙算：朝廷对战事进行的谋划。
② 行是：执行这一原则。
③ 无敌：轻敌。
④ 偝险：背靠险地。偝，同“背”。
⑤ 绝塞：指深入敌人险要的地方。绝，横渡。

立本第十一

若兵未起则错法，错法而俗成，俗成而用具。

凡用兵，胜有三等[①]：若兵未起则错法，错法而俗成，俗成而用具[②]。此三者必行于境内，而后兵可出也。行三者，有二势[③]：一曰辅法而法行，二曰举必得[④]而法立。故恃其众者，谓之葺[⑤]；恃其备[⑥]饰者，谓之巧；恃誉目[⑦]者，谓之诈。此三者恃一，因其兵可禽[⑧]也。故曰：强者必刚斗其意[⑨]，斗则力尽，力尽则备，是故无敌于海内。

治行则货积，货积则赏能重矣。赏壹[⑩]则爵尊，爵尊则赏能利矣。故曰：兵生于治而异，俗生于法而

---

① 等：步骤。
② 用具：器用具备。
③ 二势：两个条件。
④ 得：得当。
⑤ 葺（qì）：用茅草覆盖房屋，谓虽多却不坚实。
⑥ 备：武器装备。
⑦ 誉目：徒有虚名。
⑧ 禽：通“擒”，捉。此处意为战胜。
⑨ 刚斗其意：有勇敢顽强的战斗意志。
⑩ 赏壹：论战功行赏。

万转[1]，过势本于心而饰于备势。三者有论。故强可立也。是以强者必治，治者必强；富者必治，治者必富；强者必富，富者必强。故曰：治强之道三，论其本也。

① 万转：不断发生变化。

兵守第十二

慎使三军无相过。此盛力之道。

四战[①]之国贵守战，负海[②]之国贵攻战。四战之国，好兴兵以距四邻者，国危。四邻之国一兴事，而已四兴军，故曰国危。四战之国，不能以万室之邑舍[③]钜万之军者，其国危。故曰：四战之国务在守战。

守有城之邑，不知以死人之力[④]与客生力[⑤]战，其城拔。若死人之力也，客不尽夷[⑥]城，客无从入，此谓以死人之力与客生力战。城尽夷，客若有从入，则客必罢，中人[⑦]必佚矣。以佚力与罢[⑧]力战，此谓以生人力与客死力战。皆曰："围城之患，患无不尽死。"而亡此二者，非患不足，将之过也。

守城之道，盛力[⑨]也。故曰客[⑩]治簿檄[⑪]，三军之

---

① 四战：四面受敌。
② 负海：背靠大海。
③ 舍：供军队驻守。
④ 死人之力：拼死抵抗的力量。
⑤ 生力：求生的力量。
⑥ 夷：诛锄，削平。
⑦ 中人：指城中的军队。
⑧ 罢：同"疲"，疲劳。
⑨ 盛力：增强守御力量。
⑩ 客：通"窓"，谨慎。
⑪ 簿檄：军中的薄册。

多，分以客之候车[①]之数。三军：壮男为一军，壮女为一军，男女之老弱者为一军，此之谓三军也。壮男之军，使盛食[②]、厉兵[③]，陈[④]而待敌。壮女之军，使盛食、负垒[⑤]，陈而待令。客至而作土以为险阻及阱格[⑥]；发梁撤屋，给徙徙之，不洽[⑦]而熯[⑧]之，使客无得以助攻备。老弱之军，使牧牛马羊彘[⑨]，草木之可食者收而食之，以获其壮男女之食。而慎使三军无相过[⑩]。壮男过壮女之军，则男贵女，而奸民有纵谋，而国亡；喜与，其恐有蚤闻，勇民不战。壮男壮女过老弱之军，则老使壮悲，弱使强怜；悲怜在心则使勇民更虑，而怯民不战。故曰：慎使三军无相过。此盛力之道。

---

① 候车：侦察敌情的战车。
② 盛食：饱餐。
③ 厉兵：磨好武器。
④ 陈："阵"的古字，排好军阵。
⑤ 负垒：据守战垒。
⑥ 阱格：陷阱。
⑦ 洽：通"给"，来得及。
⑧ 熯（hàn）：烧。
⑨ 彘（zhì）：猪。
⑩ 相过：互相往来。

勒令第十三

靳令，则治不留；
法平，则吏无奸。

靳令[1]，则治不留；法平，则吏无奸。法已定矣，不以善言害法。任功，则民少言；任善，则民多言。行治曲断[2]，以五里断者，王；以十里断者，强；宿治者，削。以刑治，以赏战，求过不求善。故法立而不革，则显。民变诛，计变诛止。贵齐殊使[3]，百都之尊爵厚禄以自伐。国无奸民，则都无奸市。物多末众[4]，农弛奸胜，则国必削。民有余粮，使民以粟出官爵，官爵必以其力，则农不怠。四寸之管无当[5]，必不满也。授官、予爵、出禄不以功，是无当也。

国贫而务战，毒生于敌[6]，无六虱，必强；国富而不战，偷生于内，有六虱，必弱。国以功授官予爵，此

---

① 靳令：严格执行所定的法令。靳，古代驾车夹辕两马当胸的皮革，因用作夹辕两马的代称，引申为固定。

② 断：决断事情是否合法和禁断犯法的事情。

③ 贵齐殊使：治国以统一臣民的言行为贵，而役使臣民要使用不同的方式。

④ 物多末众：器物多而经商的人众。末，指工商业。

⑤ 无当：没有底。当，底。

⑥ 毒生于敌：对国家有危害的事就会在敌国发生。

谓以盛[1]知谋，以盛勇战。以盛知谋，以盛勇战，其国必无敌。国以功授官予爵，则治省言寡[2]，此谓以治去治，以言去言。国以六虱授官予爵，则治烦言生，此谓以治致治，以言致言。则君务[3]于说言，官乱于治邪，邪臣有得志，有功者日退，此谓失。守十者乱，守壹者治。法已定矣，而好用六虱者亡。民毕农，则国富。六虱不用，则兵民毕竞劝[4]而乐为主用，其竟内之民争以为荣，莫以为辱。其次，为赏劝罚沮[5]。其下，民恶之，忧之，羞之。修容而以言，耻食以上交，以避农战，外交以备，国之危也。有饥寒死亡，不为利禄之故战，此亡国之俗也。

六虱：曰礼、乐，曰《诗》《书》，曰修善，曰孝弟，曰诚信，曰贞廉，曰仁、义，曰非兵，曰羞战。国有十二者，上无使农战，必贫至削。十二者成群，此谓

① 盛：多。
② 治省言寡：政务就会简明，空谈就会少。
③ 务：通“瞀”，目眩；眼花。
④ 竞劝：争相鼓励。
⑤ 沮：阻止。

君之治不胜其臣，官之治不胜其民，此谓六虱胜其政也。十二者成朴[1]，必削。是故，兴国不用十二者，故其国多力，而天下莫能犯也。兵出，必取[2]；取，必能有之；按兵而不攻，必富。朝廷之吏，少者不毁[3]也，多者不损也。效功而取官爵，虽有辩言，不能以相先也，此谓以数治。以力攻者，出一取十；以言攻者，出十亡百。国好力，此谓以难攻；国好言，此谓以易攻。

重刑少赏，上爱民，民死赏[4]。重赏轻刑，上不爱民，民不死赏。利出一空[5]者其国无敌，利出二空者国半利，利出十空者其国不守。重刑，明大制；不明者，六虱也。六虱成群，则民不用。是故，兴国罚行则民亲，赏行则民利。行罚，重其轻者，轻者不至，重者不来。此谓以刑去刑，刑去事成。罪重刑轻，刑至事生。此谓以刑致刑，其国必削。

---

① 朴：根。

② 取：夺取土地。

③ 毁：疑应为“鞞（bǐ）”，借作“埤（pí）”，增加。

④ 民死赏：民众愿意为了受赏而拼死效力。

⑤ 空：借作“孔”，途径。

圣君知物之要，故其治民有至要，故执赏罚以壹辅仁者，心之续也。圣君之治人也，必得其心，故能用其力。力生强，强生威，威生德，德生于力。圣君独有之，故能述仁义于天下。

修权第十四

国之所以治者三：一曰法，二曰信，三曰权。

国之所以治者三：一曰法，二曰信，三曰权。法者，君臣之所共操也；信者，君臣之所共立也；权者，君之所独制也，人主失守则危。君臣释[1]法任私，必乱。故立法明分，而不以私害法，则治。权制独断于君则威。民信其赏，则事功成；信其刑，则奸无端[2]。惟明主爱权重信，而不以私害法。故上多惠言而不克其赏，则下不用；数加严令而不致其刑，则民傲死[3]。凡赏者，文也；刑者，武也。文武者，法之约[4]也。故明主任法。明主不蔽之谓明，不欺之谓察。故赏厚而信，刑重而必，不失疏远，不违亲近。故臣不蔽主，而下不欺上。

世之为治者，多释法而任私议，此国之所以乱也。

---

① 释：舍弃；抛弃。
② 端：端由。
③ 傲死：轻死。
④ 约：纲要。

先王县[1]权衡[2]，立尺寸，而至今法之，其分明也。夫释权衡而断轻重，废尺寸而意长短，虽察，商贾不用，为其不必也。故法者，国之权衡也。夫倍法度而任私议，皆不知类者也。不以法论知、能、贤、不肖者，惟尧，而世不尽为尧。是故先王知自议誉私之不可任也，故立法明分，中程[3]者赏之，毁公者诛之。赏诛之法，不失其议，故民不争。授官予爵不以其劳，则忠臣不进；行赏赋[4]禄不称其功，则战士不用。

凡人臣之事君也，多以主所好事君。君好法，则臣以法事君；君好言，则臣以言事君。君好法，则端直之士在前；君好言，则毁誉之臣在侧。公私之分明，则小人不疾[5]贤，而不肖者不妒功。故尧、舜之位天下[6]也，

---

① 县：同“悬”。

② 权衡：称量物体轻重的器具。

③ 中程：符合规章。

④ 赋：授予。

⑤ 疾：通“嫉”，妒忌。

⑥ 位天下：居天子之位，统治天下。

非私天下之利也，为天下位天下也。论贤举能而传焉，非疏父子亲越人[①]也，明于治乱之道也。故三王以义亲，五霸以法正诸侯，皆非私天下之利也，为天下治天下。是故擅[②]其名而有其功，天下乐其政，而莫之能伤也。今乱世之君、臣，区区然[③]皆擅一国之利而管一官之重，以便其私，此国之所以危也。故公私之交，存亡之本也。

夫废法度而好私议，则奸臣鬻[④]权以约禄，秩官[⑤]之吏隐下[⑥]而渔民[⑦]。谚曰："蠹[⑧]众而木析[⑨]，隙大而墙坏。"故大臣争于私而不顾其民，则下离上。下离上

① 越人：比喻远人。越，远。
② 擅：专；独揽。
③ 区区然：自得貌。
④ 鬻（yù）：卖。
⑤ 秩官：常设之官。
⑥ 隐下：隐瞒民情。
⑦ 渔民：侵夺百姓。渔，夺取。
⑧ 蠹（dù）：蛀虫。
⑨ 析：应为“折”，折断。

者，国之“隙”也。秩官之吏隐下以渔百姓，此民之“蠹”也。故有“隙”“蠹”而不亡者，天下鲜矣。是故明王任法去私，而国无“隙”“蠹”矣。

徕民第十五

春围其农，夏食其食，秋取其刈，冬陈其宝。

地方百里者，山陵处什一，薮泽处什一，谿谷流水处什一，都邑蹊道处什一，恶田处什二，良田处什四，以此食作夫[1]五万，其山陵、薮泽、谿谷可以给其材，都邑蹊道足以处其民，先王制土分民之律也。

今秦之地方千里者五，而谷土不能处二，田数不满百万，其薮泽、溪谷、名山、大川之材物货宝，又不尽为用，此人不称土[2]也。秦之所与邻者，三晋[3]也；所欲用兵者，韩、魏也。彼土狭而民众，其宅参[4]居而并处；其寡萌[5]贾息[6]民，上无通名[7]，下无田宅，而恃奸务末作以处；人之复[8]阴阳泽水[9]者过半。此其土之不足以生其民也，似有过秦民之不足以实其

---

① 作夫：古称从事生产劳动的人。

② 人不称土：人口与广阔的土地不相称。

③ 三晋：指韩、赵、魏三国。

④ 参：交错。

⑤ 寡萌：萌，通“氓”。弱民。

⑥ 贾息：从事商贾获利。

⑦ 通名：古代称户籍。

⑧ 复：通“覆”，累土为室。

⑨ 阴阳泽水：水泽的南北面，指阴湿的地方。

土也。意民之情，其所欲者田宅也，而晋之无有也信，秦之有余也必。如此而民不西[1]者，秦士戚[2]而民苦也。臣窃以王吏之明为过见[3]。此其所以弱[4]不夺三晋民者，爱爵而重复也，其说曰："三晋之所以弱者，其民务乐而复爵轻也。秦之所以强者，其民务苦而复爵重也。今多爵而久复，是释秦之所以强，而为三晋之所以弱也。"此王吏重爵、爱复[5]之说也，而臣窃以为不然。夫所以为苦民而强兵者，将以攻敌而成所欲也。兵法曰："敌弱而兵强。"此言不失吾所以攻，而敌失其所守也。今三晋不胜秦，四世矣。自魏襄以来，野战不胜，守城必拔，小大之战，三晋之所亡于秦者，不可胜数也。若此而不服，秦能取其地，而不能夺其民也。

---

① 不西：不向西进入秦国。

② 戚：忧愁，悲伤。

③ 过见：错误的见解。

④ 弱：应是衍字。

⑤ 复：免除徭役。

今王发明惠[1]，诸侯之士来归义者，今使复之三世，无知军事；秦四竟之内陵阪丘隰[2]，不起十年征[3]，者于律也，足以造[4]作夫百万。曩[5]者臣言曰："意民之情，其所欲者田宅也，晋之无有也信，秦之有余也必。若此而民不西者，秦士戚而民苦也。"今利其田宅，而复之三世，此必与其所欲而不使行其所恶也。然则山东之民无不西者矣，且直言之谓也。不然，夫实圹[6]虚，出天宝[7]而百万事本[8]，其所益多也，岂徒不失其所以攻乎？

夫秦之所患者，兴兵而伐，则国家贫；安居而农，则敌得休息。此王所不能两成[9]也。故三世战胜，而天

---

① 发明惠：广布恩惠。
② 隰（xí）：低下的湿地。
③ 不起十年征：十年不收赋税。征，赋役。
④ 造：兴，征发。
⑤ 曩（nǎng）：往昔，从前。
⑥ 圹（kuàng）：原野。
⑦ 天宝：天然宝物，指农产品。
⑧ 百万事本：百万人从事农业生产。
⑨ 两成：两全。

下不服。今以故秦事敌[①]，而使新民[②]作本，兵虽百宿于外，竟内不失须臾[③]之时，此富强两成之效也。臣之所谓兵者，非谓悉兴尽起也，论竟内所能给军卒车骑。令故秦民事兵，新民给刍食。天下有不服之国，则王以此春围其农[④]，夏食其食，秋取其刈[⑤]，冬陈其宝[⑥]，以《大武》[⑦]摇其本，以《广文》[⑧]安其嗣。王行此，十年之内，诸侯将无异民，而王何为爱爵而重复乎？

周军之胜，华军之胜，秦斩首而东之[⑨]。东之无益，亦明矣，而吏犹以为大功，为其损敌也。今以草茅之地[⑩]，徕三晋之民而使之事本，此其损敌也，与战胜

---

① 以故秦事敌：用秦原有的民众对付敌国的军队。

② 新民：指三晋来归的民众。

③ 须臾：片刻。

④ 围其农：违其农时，不让其按时耕种。“围”当作“违”。

⑤ 刈（yì）：割。多用于草或谷类。

⑥ 宝：当作“葆”，聚藏，指储存的物资。

⑦《大武》：《逸周书》之篇章。

⑧《广文》：《逸周书》之《允文》篇。

⑨ 东之：往东去。

⑩ 草茅之地：没有开垦过的荒地。

同实。而秦得之以为粟，此反行两登[1]之计也。且周军之胜、华军之胜、长平之胜，秦所亡民者几何？民客[2]之兵不得事本者几何？臣窃以为不可数矣。假使王之群臣有能用之，费此之半，弱晋强秦，若三战之胜者，王必加大赏焉。今臣之所言，民无一日之繇[3]，官无数钱之费，其弱晋强秦，有过三战之胜，而王犹以为不可，则臣愚不能知已。

齐人有东郭敞者，犹多愿，愿有万金。其徒请赒[4]焉，不与，曰："吾将以求封[5]也。"其徒怒而去之宋。曰："此爱于无也，故不如以先与之有也。"今晋有民，而秦爱其复，此爱非其有以失其有也，岂异东郭敞之爱非其有以亡其徒乎？且古有尧、舜，当时而见称；中世有汤、武，在位而民服。此四王者万世之所称也，

---

① 两登：两全。

② 民客：原有的民众和招来的民众。

③ 繇（yáo）：通"徭"，徭役。

④ 赒（zhōu）：周济，救济。

⑤ 封：封赏。

以为圣王也，然其道犹不能取用于后。今复之三世，而三晋之民可尽也。是非王贤立今时，而使后世为王用乎？然则非圣别说，而听圣人难也。

赏刑第十七

圣人之为国也，壹赏，壹刑，壹教。

圣人之为国也，壹赏，壹刑，壹教。壹赏则兵无敌，壹刑则令行，壹教则下听上。夫明赏不费，明刑不戮，明教不变，而民知于民务，国无异俗。明赏之犹至于无赏也，明刑之犹至于无刑也，明教之犹至于无教也。

所谓壹赏者，利禄官爵抟出于兵，无有异施也。夫固[①]知愚、贵贱、勇怯、贤不肖，皆尽其胸臆[②]之知，竭其股肱[③]之力，出死而为上用也；天下豪杰贤良从之如流水；是故兵无敌而令行于天下。万乘之国不敢苏[④]其兵中原，千乘之国不敢捍城。万乘之国，若有苏其兵中原者，战将覆其军；千乘之国，若有捍城者，攻将凌其城。战必覆人之军，攻必凌人之城，尽城而有之，尽宾[⑤]而致之，虽厚庆赏，何费匮之有矣？昔汤封

---

① 固：同“故”，因此。

② 胸臆（yì）：内心深处的想法。

③ 股肱（gōng）：大腿和胳膊。常比喻辅助帝王的大臣。

④ 苏：通“傃”，朝向。

⑤ 宾：归服。

于赞茅[1]，文王封于岐周[2]，方百里。汤与桀战于鸣条之野，武王与纣战于牧野之中，大破九军[3]，卒裂土封诸侯。士卒坐陈者，里有书社[4]，车休息不乘，纵[5]马华山之阳，纵牛于农泽，纵之老而不收。此汤、武之赏也。故曰：赞茅、岐周之粟，以赏天下之人，不人得一升；以其钱赏天下之人，不人得一钱。故曰：百里之君而封侯其臣，大其旧；自士卒坐陈者，里有书社。赏之所加，宽于牛马者，何也？善因天下之货，以赏天下之人。故曰：明赏不费。汤、武既破桀、纣，海内无害，天下大定。筑五库，藏五兵[6]，偃[7]武事，行文教。倒载干戈[8]，

---

① 赞茅：亦称“攒茅”，在今河南修武境。
② 岐周：周在岐山之南，故名岐周。岐山在今陕西岐山县东北。
③ 九军：指强大的军队。
④ 书社：古代二十五家为一社，每社有户口登记，故曰“书社”。
⑤ 纵：放。
⑥ 五兵：指弓、矢、殳、矛、戈五种兵器。
⑦ 偃：息，停止。
⑧ 倒载干戈：停战。

搢笏[①]，作为乐以申[②]其德。当此时也，赏禄不行，而民整齐。故曰：明赏之犹至于无赏也。

所谓壹刑者，刑无等级，自卿相、将军以至大夫、庶人，有不从王令、犯国禁、乱上制者，罪死不赦。有功于前，有败于后，不为损刑。有善于前，有过于后，不为亏法。忠臣孝子有过，必以其数断。守法守职之吏有不行王法者，罪死不赦，刑及三族。同官之人，知而讦[③]之上者，自免于罪，无贵贱，尸袭[④]其官长之官爵田禄。故曰：重刑，连其罪，则民不敢试。民不敢试，故无刑也。夫先王之禁，刺杀，断人之足，黥[⑤]人之面，非求伤民也，以禁奸止过也。故禁奸止过，莫若重刑。刑重而必得，则民不敢试，故国无刑民。国无刑民，故

---

① 搢笏（jìn hù）：插笏。笏，即朝笏，古时大臣在朝见时手中所执的狭长板子，用玉或象牙、竹片制成，以为指画、记事之用。

② 申：歌颂。

③ 讦（jié）：攻击别人的短处或揭发别人的隐私。

④ 尸袭：尸，指古代代替死者受祭的活人，因以“尸袭”借喻代袭，取代。

⑤ 黥（qíng）：中国古代“墨”刑的异称。古代在犯人面部或额上刺刻后涂以黑色颜料的刑罚。

曰：明刑不戮。晋文公[1]将欲明刑以亲百姓，于是合诸卿大夫于侍千宫，颠颉[2]后至，吏请其罪，君曰："用事焉。"吏遂断颠颉之脊以殉[3]。晋国之士，稽焉皆惧，曰："颠颉之有宠也，断以殉，况于我乎！"举兵伐曹、五鹿，及反郑之埤[4]，东卫之亩[5]，胜荆人[6]于城濮。三军之士，止之如斩足，行之如流水。三军之士，无敢犯禁者。故一假[7]道重轻于颠颉之脊，而晋国治。昔者，周公旦[8]杀管叔、流[9]霍叔，曰："犯禁者也。"

---

① 晋文公（前697或前671—前628）：春秋时晋国国君。献公之子。公元前636—前628年在位。名重耳。

② 颠颉：春秋时晋国大夫，随同重耳出逃。

③ 殉：通"徇"，示众。

④ 埤（pì）：矮墙。

⑤ 东卫之亩：命令卫国的田垄一律改为东西方向，以方便自己国家的兵车通过。

⑥ 荆人：指楚人。

⑦ 假：借。

⑧ 周公旦：西周初重要政治家。姬姓，名旦，亦称"叔旦"。文王之子，武王之弟。因采邑在周（今陕西岐山北），故称"周公"。曾佐武王灭商。武王死，成王年幼，由其摄政。管叔、蔡叔、霍叔等不服，联合武庚和东方夷族反叛，他出师东征，平定反叛。

⑨ 流：流放。

天下众皆曰："亲昆弟有过不违，而况疏远乎！"故天下知用刀锯于周庭，而海内治，故曰：明刑之犹至于无刑也。

所谓壹教者，博闻、辩慧、信廉、礼乐、修行、群党、任誉、清浊，不可以富贵，不可以评刑[1]，不可独立私议以陈其上。坚者被，锐者挫。虽曰圣知、巧佞、厚朴，则不能以非功罔[2]上利。然富贵之门，要存战而已矣。彼能战者，践富贵之门。强梗[3]焉，有常刑而不赦。是父兄、昆弟、知识[4]、婚姻[5]、合同[6]者，皆曰："务之所加，存战而已矣。"夫故当壮[7]者务于战，老弱者务于守，死者不悔，生者务劝，此臣之所谓壹教也。民之欲富贵也，共阖[8]棺而后止。而富贵之门必出

---

① 评刑：评论法令刑罚。
② 罔：获取。
③ 强梗：指顽强不法的人。
④ 知识：指熟识的人。
⑤ 婚姻：亲家；有亲戚关系。
⑥ 合同：志同道合的人。
⑦ 当壮：正当壮年，强壮。
⑧ 阖（hé）：关闭。

于兵，是故民闻战而相贺也，起居饮食所歌谣者，战也。此臣之所谓明教之犹至于无教也。

此臣所谓参教[①]也。圣人非能通，知万物之要也。故其治国举要以致万物，故寡教[②]而多功。圣人治国也，易知而难行也。是故圣人不必加[③]，凡主不必废；杀人不为暴，赏人不为仁者，国法明也。圣人以功授官予爵，故贤者不忧；圣人不宥过，不赦刑，故奸无起。圣人治国也，审壹而已矣。

---

① 参教：指奖赏、刑罚、教化三件事。参，通“叁”。

② 寡教：教化简单。

③ 加：称赞，推崇。

画策第十八

故胜民之本在制民，若冶于金、陶于土也。

昔者昊英[1]之世，以伐木杀兽，人民少而木兽多。黄帝之世，不麛不卵[2]，官无供备之民，死不得用椁[3]。事不同，皆王者，时异也。神农之世，男耕而食，妇织而衣，刑政不用而治，甲兵不起而王。神农既没，以强胜弱，以众暴寡，故黄帝作为君臣上下之义、父子兄弟之礼、夫妇妃[4]匹之合，内行刀锯，外用甲兵，故时变也。由此观之，神农非高[5]于黄帝也，然其名尊者，以适于时也。故以战去战，虽战可也；以杀去杀，虽杀可也；以刑去刑，虽重刑可也。

昔之能制天下者，必先制其民者也；能胜强敌者，必先胜其民者也。故胜民之本在制民，若冶于金[6]、陶于土[7]也。本不坚，则民如飞鸟禽兽，其孰能制之？民

---

① 昊英：传说中的古帝。

② 不麛（mí）不卵：不让人们捕杀幼小的野兽，不让人们吃鸟蛋。麛，小兽。

③ 椁（guǒ）：棺外的套棺。

④ 妃：配偶；妻。

⑤ 高：高明。

⑥ 冶于金：冶炼工人对黄金冶炼的控制。

⑦ 陶于土：制陶工人对泥土的使用。

本，法也。故善治者，塞民以法，而名地作矣。

名尊地广，以至王者，何故？战胜者也。名卑地削，以至于亡者，何故？战罢者也。不胜而王，不败而亡者，自古及今，未尝有也。民勇者，战胜；民不勇者，战败。能壹民于战者，民勇；不能壹民于战者，民不勇。圣王见王之致于兵[1]也，故举国而责[2]之于兵。入其国，观其治，兵[3]用者强。奚以知民之见用者也？民之见战也，如饿狼之见肉，则民用矣。凡战者，民之所恶也。能使民乐战者，王。强国之民，父遗[4]其子，兄遗其弟，妻遗其夫，皆曰："不得，无返！"又曰："失法离令[5]，若[6]死，我死。乡治之。行间无所逃，迁徙无所入。"行间之治，连以五[7]，辨之以章，束之以令，拙无所处，罢无所生。是以三军之众，从令如流，死而

---

① 见王之致于兵：称王于天下是致力于强兵的结果。

② 责：要求。

③ 兵：应为"民"。

④ 遗：送。

⑤ 失法离令：不遵守法律，违抗了命令。

⑥ 若：尔；汝。

⑦ 连以五：将五个人编成一伍，实行连坐。

不旋踵[①]。

国之乱也，非其法乱也，非法不用也。国皆有法，而无使法必行之法。国皆有禁奸邪、刑盗贼之法，而无使奸邪、盗贼必得[②]之法，为奸邪、盗贼者死刑，而奸邪、盗贼不止者，不必得也。必得，而尚有奸邪、盗贼者，刑轻也。刑轻者，不得诛[③]也；必得者，刑者众也。故善治者，刑不善而不赏善，故不刑而民善。不刑而民善，刑重也。刑重者，民不敢犯，故无刑也。而民莫敢为非，是一国皆善也。故不赏善而民善。赏善之不可也，犹赏不盗。故善治者，使跖[④]可信，而况伯夷[⑤]乎？不能治者，使伯夷可疑，而况跖乎？势不能为奸，虽跖可信也；势得为奸，虽伯夷可疑也。

---

① 旋踵：旋转脚跟，谓后退。

② 必得：一定能捕获治罪。

③ 不得诛：没有得到应受的处罚。

④ 跖（zhí）：春秋战国之际人。亦称“盗跖”。“盗”是旧时的诬称。

⑤ 伯夷：商末孤竹君长子。墨胎氏，名允，字公信。初孤竹君遗命立其弟叔齐为君，孤竹君死后，叔齐让位，他不受，两人一起投奔周文王。路遇武王伐纣，他们拦马劝谏。武王灭商后，兄弟俩隐居首阳山，不食周粟而死。

国或重治，或重乱。明主在上，所举必贤，则法可在贤。法可在贤，则法在下，不肖不敢为非，是谓重治。不明主在上，所举必不肖，国无明法，不肖者敢为非，是谓重乱。兵或重强，或重弱。民固欲战，又不得不战，是谓重强。民固不欲战，又得无战，是谓重弱。

明主不滥富贵其臣。所谓富者，非粟米珠玉也？所谓贵者，非爵位官职也？废法作私，爵禄之，富贵之，滥也。凡人主德行非出[①]人也，知非出人也，勇力非过人也。然民虽有圣知，弗敢我谋；勇力，弗敢我杀；虽众，不敢胜其主；虽民至亿万之数，县重赏而民不敢争，行罚而民不敢怨者，法也。国乱者，民多私义；兵弱者，民多私勇。则削国之所以取爵禄者多涂[②]。亡国之欲[③]，贱爵轻禄。不作而食，不战而荣，无爵而尊，无禄而富，无官而长，此之谓奸民。所谓“治主无忠

① 出：超过。

② 涂：通“途”，途径，道路。

③ 欲：应为“俗”。

臣，慈父无孝子”，欲无善言，皆以法相司[①]也，命相正[②]也。不能独为非，而莫与人为非。所谓富者，入多而出寡。衣服有制，饮食有节，则出寡矣。女事尽于内，男事尽于外，则入多矣。

所谓明者，无所不见，则群臣不敢为奸，百姓不敢为非。是以人主处匡床[③]之上，听丝竹[④]之声，而天下治。所谓明者，使众不得不为。所谓强者，天下胜[⑤]。天下胜，是故合力。是以勇强不敢为暴，圣知不敢为诈，而虑用。兼天下之众，莫敢不为其所好，而辟其所恶。所谓强者，使勇力不得不为已用。其志足，天下益之；不足，天下说之。恃天下者，天下去之；自恃者，得天下。得天下者，先自得者也；能胜强敌者，先自胜者也。

---

① 相司：互相监督。

② 相正：相互纠正。

③ 匡床：亦作“筐床”。安稳的床。

④ 丝竹：指弦乐器（如琵琶、二胡等）与竹制管乐器（如箫、笛等）。亦泛指音乐。

⑤ 天下胜：用天下之力取胜。

圣人知必然之理、必为之时势，故为必治之政，战必勇之民，行必听之令。是以兵出而无敌，令行而天下服从。黄鹄[1]之飞，一举千里，有必飞之备也；骐骥[2]、騄駬[3]，日走千里，有必走之势也；虎、豹、熊、罴[4]，鸷[5]而无敌，有必胜之理也。圣人见本然之政，知必然之理，故其制民也，如以高下制水，如以燥湿制火[6]。故曰：仁者能仁于人，而不能使人仁；义者能爱于人，而不能使人爱。是以知仁义之不足以治天下也。圣人有必信之性，又有使天下不得不信之法。所谓义者，为人臣忠，为人子孝，少长有礼，男女有别。非其义也，饿不苟食，死不苟生。此乃有法之常也。圣王者，不贵义而贵法。法必明，令必行，则已矣。

---

① 黄鹄（hú）：鸟名。

② 骐骥（qí lín）：良马。

③ 騄駬（lù ěr）：马名，周穆王“八骏”之一。

④ 罴（pí）：棕熊，亦称“人熊”。

⑤ 鸷（zhì）：凶猛。

⑥ 以燥湿制火：用易燃物品的干湿来控制火。

境内第十九

四境之内，丈夫女子皆有名于上，生者著，死者削。

四境之内，丈夫女子皆有名于上[①]，生者著，死者削。其有爵者乞[②]无爵者以为庶子，级乞一人。其无役事也，其庶子役其大夫月六日。其役事也，随而养之军。

爵自一级已下至小夫，命曰校徒操士。公爵自二级已上至不更[③]，命曰卒。其战也，五人来簿为伍[④]，一人羽[⑤]而轻[⑥]其四人，能人得一首，则复[⑦]。五人一屯长，百人一将。其战，百将、屯长不得首，斩；得三十三首以上，盈论[⑧]，百将、屯长赐爵一级。五百主[⑨]，短兵五十人；二五百主，将之主，短兵百。千石之令短兵百人，八百之令短兵八十人，七百之令短兵七十人，六百

---

① 有名于上：在官府登记名字。
② 乞：请求。
③ 不更：秦爵位名，第四级为不更。
④ 来簿为伍："来"应为"束"。五人编为一个名册，为一伍。
⑤ 羽：一说应为"兆"，借作"逃"，逃跑之意。
⑥ 轻：一说应为"刭"，惩罚。
⑦ 复：免除先前的处罚。
⑧ 盈论：谓按满额论功行赏。
⑨ 五百主：五百人的将领。

之令短兵六十人。国尉，短兵千人。将，短兵四千人。战及死吏，而轻短兵，能一首则复。

能攻城围邑斩首八千已上，则盈论；野战斩首二千，则盈论。吏自操及校以上大将尽赏。行间之吏也。故爵公士①也，就②为上造也；故爵上造，就为簪袅③，就为不更；故爵不更，就为大夫。爵吏而为县尉，则赐虏六，加五千六百。爵大夫而为国尉，就为官大夫；故爵官大夫，就为公大夫；故爵公大夫，就为公乘；故爵公乘，就为五大夫，则税邑三百家。故爵五大夫，就为大庶长；故大庶长，就为左更；故三更也，就为大良造。皆有赐邑三百家，有赐税三百家。爵五大夫，有税邑六百家者，受客④。大将、御⑤、参⑥皆赐爵

---

① 公士：爵名。战国时秦商鞅变法，制定二十等爵用以奖励军功，公士是其中最低者，仅高于士卒。

② 就：升级。

③ 簪袅（niǎo）：秦汉时爵位名，列为第三级。

④ 受客：许置幕客。

⑤ 御：驾驶车马者。

⑥ 参：通“骖”，在车右陪乘的人。

三级。故客卿[①]相，论盈，就正卿[②]。

以战故，暴首[③]三，乃校三日，将军以不疑致士大夫劳爵。夫劳爵，其县过三日有不致士大夫劳爵，罢其县四尉，訾由丞尉。能得甲首一者，赏爵一级，益田一顷，益宅九亩，除庶子一人，乃得入兵官之吏。

其狱法，高爵訾下爵级。高爵罢，无给有爵人隶仆。爵自二级以上，有刑罪则贬。爵自一级以下，有刑罪则已[④]。小夫死。公士以上至大夫，其官级一等，其墓树[⑤]级一树。

其攻城围邑也，国司空訾其城之广厚之数。国尉分地，以校、徒分积尺[⑥]而攻之，为期，曰："先已者当为

① 客卿：请其他诸侯国的人来秦国做官，其位为卿，而以容礼待之。

② 正卿：春秋时诸侯国的执政大臣，权力仅次于国君。

③ 暴（bù）首：阵列斩获的敌人首级。

④ 已：取消爵位。

⑤ 墓树：春秋战国的墓葬文化。在墓旁植树，级别越高，种的树越多。

⑥ 积尺：指面积或体积的数量。

最启[1]，后已者訾为最殿[2]。再訾则废。”穴通则积薪，积薪则燔柱[3]。陷队之士[4]，面十八人。陷队之士，知疾斗，不得，斩首；队五人，则陷队之士，人赐爵一级；死，则一人后；不能死之，千人环规，黥劓[5]于城下。国尉分地，以中卒随之。将军为木壹[6]，与国正监、与王御史参[7]望之。其先入者，举为最启；其后入者，举为最殿。其陷队也，尽其几者[8]；几者不足，乃以欲级益之。

---

① 最启：头等。
② 最殿：末等。
③ 燔（fán）柱：烧起木柱。燔，焚烧。
④ 陷队之士：冲锋陷阵的士兵。
⑤ 劓（yì）：中国古代割掉犯人鼻子的刑罚。
⑥ 木壹：“壹”应为“台”。木台，供瞭望用。
⑦ 参：一同，共同。
⑧ 几者：自愿申请之人。

弱民第二十

民弱国强，国强民弱。
故有道之国务在弱民。

民弱国强，国强民弱。故有道之国务在弱民。朴则强，淫则弱。弱则轨[①]，淫则越志。弱则有用，越志则强。故曰：以强去强者，弱；以弱去强者，强。

民，善之则亲，利之用则和；用则有任，和则匮；有任，乃富于政。上舍法，任民之所善，故奸多。民贫则力富，力富则淫，淫则有虱。故民富而不用，则使民以食出官爵，官爵必以其力，则农不偷。农不偷，六虱无萌。故国富而贫治，重强。

兵，易弱难强。民，乐生安佚[②]。死难，难正[③]。易之则强。事有羞，多奸；寡赏，无失。多奸疑，敌失，必利。兵至强，威；事无羞，利。用兵久处利势，必王。故兵行敌之所不敢行，强；事兴敌之所羞为，利。法有，民安其次；主变[④]，事能得齐。国守安，主操权，利。故主贵多变，国贵少变。利出一孔，则国多物；出十孔，则国少物。守一者治，守十者乱。治则强，乱则

---

① 轨：遵循法令。

② 乐生安佚：爱惜生命，贪图安逸。

③ 死难，难正：拼死赴国难是难以做到的。

④ 主变：君主随机应变。

弱。强则物来，弱则物去。故国致物者强，去物者弱。

民，辱[1]则贵爵，弱[2]则尊官，贫则重赏。以刑治民，则乐用；以赏战民，则轻死。故战事兵用曰强。民有私荣，则贱[3]列卑官；富则轻赏。治民羞辱以刑，战则战[4]。民畏死，事乱而战，故兵农怠而国弱。

农、商、官三者，国之常官也。农辟地，商致物，官治民。三官生虱六，曰“岁”，曰“食”，曰“美”，曰“好”，曰“志”，曰“行”。六者有朴，必削。农有余食，则薄燕[5]于岁；商有淫利，有美好[6]，伤器；官设而不用，志行为卒。六虱成俗，兵必大败。

法枉治乱，任善言多。治众国乱，言多兵弱。法明治省，任力言息。治省国治，言息兵强。故治大，国小；治小，国大。

---

① 辱：卑弱。
② 弱：怯弱。
③ 贱：轻视。
④ 战则战：战争时他们才会出战。
⑤ 薄燕：苟且偷安。
⑥ 美好：华丽玩好的物品。

政作[1]民之所恶，民弱；政作民之所乐，民强。民弱国强，民强国弱。故民之所乐民强，民强而强之，兵重弱。民之所乐民强，民强而弱之，兵重强。故以强重弱，削；以弱重强，王。以强攻强弱，强存；以弱攻弱强，强去。强存则弱，强去则王。故以强政弱，削；以弱攻强，王也。

明主之使其臣也，用必加于功，赏必尽其劳。人主使其民信此如日月[2]，则无敌矣。今离娄见秋豪之末，不能以明目易人；乌获举千钧之重，不能以多力易人；圣贤在体性也，不能以相易也。今当世之用事者，皆欲为上圣，举法之谓也。背法而治，此任重道远[3]而无马牛，济大川[4]而无舡[5]楫[6]也。

今夫人众兵强，此帝王之大资也，苟非明法以守之

---

① 作：建立。
② 日月：指日月运行有规律。
③ 任重道远：负担重，路程远。
④ 济大川：渡大河。
⑤ 舡（chuán）：船。
⑥ 楫：船桨。

也，与危亡为邻。故明主察法，境内之民无辟淫之心，游处之士迫于战阵，万民疾于耕战。有以知其然也。楚国之民齐疾而均，速若飘风；宛钜[1]铁鉇[2]，利若蜂虿[3]；胁蛟犀兕[4]，坚若金石；江、汉[5]以为池[6]，汝[7]、颍[8]以为限；隐以邓林，缘以方城。秦师至，鄢、郢举，若振槁[9]，唐蔑[10]死于垂涉，庄蹻[11]发于内，楚分为五。地非不大也，民非不众也，甲兵财用非不多也；战不胜，守不固，此无法之所生也，释权衡而操轻重者。

---

① 钜：坚硬的铁。

② 鉇（shī）：矛。

③ 虿（chài）：蝎类毒虫。

④ 犀兕（sì）：指犀兕的皮。兕，古代犀牛一类的兽名，皮厚，用以制甲。

⑤ 江、汉：指长江、汉水。

⑥ 池：指护城河。

⑦ 汝：汝水，古水名。在今河南境内。

⑧ 颍：颍水，发源于河南，流经安徽。

⑨ 振槁（gǎo）：槁，枯叶。摇动枯叶。比喻易于成事。

⑩ 唐蔑：楚将，为齐军所杀。

⑪ 庄蹻（jué）：亦作“企足”。战国时楚国人。曾在楚怀王时起兵反楚，导致楚国分裂。后世常以蹻与跖相提并论。一说此庄蹻即后来入滇为王的楚将庄蹻。

外内第二十二

故为国者，边利尽归于兵，市利尽归于农。

民之外事，莫难于战，故轻法不可以使之。奚谓轻法？其赏少而威薄，淫道不塞之谓也。奚谓淫道？为辩知者贵，游宦者任，文学[1]私名显之谓也。三者不塞，则民不战而事失矣。故其赏少，则听[2]者无利也；威薄，则犯者无害[3]也。故开淫道以诱之，而以轻法战之，是谓设鼠而饵以狸也，亦不几乎！故欲战其民者，必以重法。赏则必多，威则必严，淫道必塞，为辩知者不贵，游宦者不任，文学私名不显。赏多威严，民见战赏之多则忘死，见不战之辱则苦生[4]。赏使之忘死，而威使之苦生，而淫道又塞，以此遇敌，是以百石之弩射飘叶也，何不陷之有哉！

民之内事，莫苦于农，故轻治不可以使之。奚谓轻治？其农贫而商富，故其食贱者钱重，食贱则农贫，钱重则商富；末事不禁，则技巧之人利，而游食者众之

① 文学：孔门四科之一。此处指儒学。
② 听：听从。
③ 害：伤害。
④ 苦生：以偷生为耻。

谓也。故农之用力最苦，而赢利少，不如商贾、技巧之人。苟能令商贾、技巧之人无繁，则欲国之无富，不可得也。故曰：欲农富其国者，境内之食必贵，而不农之征必多，市利之租必重。则民不得无田，无田不得不易其食。食贵则田者利，田者利则事者众。食贵，籴食不利，而又加重征，则民不得无去其商贾、技巧而事地利矣。故民之力尽在于地利矣。

故为国者，边利[①]尽归于兵，市利[②]尽归于农。边利归于兵者强，市利归于农者富。故出战而强，入休而富者，王也。

---

① 边利：边境关市之利。

② 市利：国内商贾之利。

君臣第二十三

君尊则令行，官修则有常事，法制明则民畏刑。

古者未有君臣上下之时，民乱而不治。是以圣人列[1]贵贱，制爵位，立名号，以别君臣上下之义。地广，民众，万物多，故分五官[2]而守之。民众而奸邪生，故立法制、为度量以禁之。是故有君臣之义、五官之分、法制之禁，不可不慎也。

处君位而令不行，则危；五官分而无常，则乱；法制设而私善[3]行，则民不畏刑。君尊则令行，官修则有常事，法制明则民畏刑。法制不明，而求民之行令也，不可得也。民不从令，而求君之尊也，虽尧、舜之知，不能以治。

明王之治天下也，缘[4]法而治，按功而赏。凡民之所疾战[5]不避死者，以求爵禄也。明君之治国也，士有斩首、捕虏之功，必其爵足荣也，禄足食也；农不离廛[6]

---

① 列：划分。

② 五官：殷时的官职。亦泛指百官。

③ 私善：不依法为标准，按照官吏的好恶办事。

④ 缘：依照。

⑤ 疾战：奋勇作战。

⑥ 廛（chán）：古代城市平民的房地。此处指乡土。

者，足以养二亲，治军事。故军士死节，而农民不偷也。

今世君不然，释法而以知，背功而以誉[①]，故军士不战而农民流徙。臣闻：道[②]民之门，在上所先[③]。故民，可令农战，可令游宦，可令学问，在上所与[④]。上以功劳与，则民战；上以《诗》《书》与，则民学问。民之于利也，若水于下也，四旁无择也。民徒[⑤]可以得利而为之者，上与之也。瞋目扼腕[⑥]而语勇者得，垂衣裳[⑦]而谈说者得，迟日旷久积劳私门者得。尊向三者，无功而皆可以得，民去农战而为之。或谈议而索之，或事便辟而请之，或以勇争之。故农战之民日寡，而游食者愈众，则国乱而地削，兵弱而主卑。此其所以然者，释法制而任名誉也。

---

① 背功而以誉：舍弃功劳而以其人的声誉封赐。

② 道：通“导”。先导，疏导。

③ 先：提倡，倡导。

④ 与：赏赐，奖励。

⑤ 徒：但。

⑥ 瞋目扼腕：形容愤怒、气势汹汹的样子。

⑦ 垂衣裳：垂拱无为。谓太平无事，无为而治。借以譬喻峨冠博带的儒生只是高谈阔论而做不出什么有益的事。

故明主慎法制。言不中法者不听也，行不中法者不高[1]也，事不中法者不为也。言中法，则辩之；行中法，则高之；事中法，则为之。故国治而地广，兵强而主尊。此治之至也，人君者不可不察也。

① 不高：不推崇。

禁使第二十四

民之蔽主，而不害于盖，
贤者不能益，不肖者不能损。

人主之所以禁使者，赏罚也。赏随功，罚随罪。故论功察罪，不可不审也。夫赏高罚下，而上无必知其道也，与无道同也。

凡知道者，势、数也。故先王不恃其强而恃其势；不恃其信，而恃其数。今夫飞蓬[1]遇飘风[2]而行千里，乘风之势也；探渊者知千仞[3]之深，县绳之数也。故托其势者，虽远必至；守其数者，虽深必得。今夫幽夜，山陵之大而离娄不见；清朝日䵣[4]，则上别飞鸟，下察秋豪。故目之见也，托日之势也。得势之至，不参官而洁，陈[5]数而物当。

---

① 飞蓬：蓬，蓬草，枯后根断，遇风飞旋，故称“飞蓬”。

② 飘风：旋风。

③ 千仞（rèn）：形容极高或极深。仞，古代长度单位。据清陶方琦《说文仞字八尺考》谓周制为八尺，汉制为七尺，东汉末则为五尺六寸。

④ 清朝日䵣（tuān）：清晨天气晴朗，阳光明亮。䵣，黄色，也指明亮。

⑤ 陈：施展。

今恃多官众吏，官立丞、监[1]。夫置丞立监者，且以禁人之为利也。而丞、监亦欲为利，则何以相禁？故恃丞、监而治者，仅存之治[2]也。通数者[3]不然也。别其势[4]，难其道[5]，故曰：其势难匿者，虽跖不为非焉。故先王贵势。

或曰："人主执虚后以应，则物应稽验，稽验则奸得。"臣以为不然。夫吏专制决事于千里之外，十二月而计书[6]以定。事以一岁别计，而主以一听[7]，见所疑焉，不可蔽[8]，员[9]不足。夫物至则目不得不见；言

---

① 丞、监：负责监察的官吏。

② 仅存之治：依靠辅佐和监察人员治理国家只是暂时的办法，不是治理的根本。

③ 通数者：通晓治国方法的国君。

④ 别其势：严格区分官吏的职位权限。

⑤ 难其道：使其不能超越所规定的权限去做事。

⑥ 计书：古代州郡年终向朝廷汇报情况的簿书。

⑦ 听：处理，判断。

⑧ 蔽：决断。

⑨ 员：物证。

薄[1]，则耳不得不闻。故物至则变[2]，言至则论。故治国之制，民不得避罪，如目不能以所见遁心。

今乱国不然，恃多官众吏。吏虽众，事同体一[3]也。夫事同体一者，相监不可[4]。且夫利异而害不同者，先王所以为保也。故至治，夫妻、交友不能相为弃恶盖[5]非，而不害于亲，民人不能相为隐。上与吏也，事合而利异者也。今夫驺[6]、虞[7]，以相监不可，事合而利同者也。若使马焉能言，则驺、虞无所逃其恶矣，利同也。利合而恶同者，父不能以问子，君不能以问臣。

---

① 薄：迫近。
② 变：通“辨”，明白。
③ 事同体一：利益一致。原缺“事”字。
④ 相监不可：不可能互相监督。监，监视；督察。原缺“监”字。
⑤ 盖：掩盖。
⑥ 驺（zōu）：古时掌管马的官，亦掌管驾车。
⑦ 虞：古代天子围猎之所管理走兽的官。

吏之与吏，利合而恶同也。夫事合而利异者，先王之所以为端也。民之蔽主，而不害于盖，贤者不能益，不肖者不能损。故遗贤去智，治之数也。

慎法第二十五

民之欲利者，非耕不得；避害者，非战不免。

凡世莫不以其所以乱者治，故小治而小乱，大治而大乱。人主莫能世治[①]其民，世无不乱之国。

奚谓以其所以乱者治？夫举贤能，世之所治也，而治之所以乱。世之所谓贤者，善正也；所以为善正也，党[②]也。听其言也，则以为能；问其党，以为然。故贵之不待其有功，诛之不待其有罪也。此其势正使污吏有资[③]而成其奸险，小人有资而施其巧诈。初假吏民奸诈之本，而求端悫[④]其末，禹不能以使十人之众，庸主安能以御一国之民？

彼而党与人[⑤]者，不待我[⑥]而有成事者也。上举一[⑦]与民，民倍主位而向私交。民倍主位而向私交，则君弱

---

① 世治：世代统治。
② 党：党羽。
③ 有资：有所凭借。
④ 悫（què）：诚笃；忠厚。
⑤ 党与人：与人结党。
⑥ 我：指君主。
⑦ 一：指农战。

而臣强。君人者不察也，非侵于诸侯，必劫[1]于百姓。彼言说之势，愚智同学之，士学于言说之人，则民释实事而诵虚词。民释实事而诵虚词，则力少而非多。君人者不察也，以战必损其将，以守必卖其城。

故有明主、忠臣产于今世，而欲领其国者，不可以须臾[2]忘于法。破胜[3]党任[4]，节去言谈，任法而治矣。使吏非法无以守，则虽巧不得为奸；使民非战无以效其能，则虽险不得为诈。夫以法相治，以数相举。誉[5]者不能相益，訾者不能相损。民见相誉无益，习[6]相爱不相阿；见訾言无损，习相憎不相害也。夫爱人者，不阿；憎人者，不害。爱恶各以其正，治之至也。臣故曰：法任而国治矣。

---

① 劫：推翻。

② 须臾：片刻。

③ 破胜：击破战胜。

④ 党任：结党营私的奸人。

⑤ 誉："誉"字原缺。

⑥ 习：习惯于。

千乘能以守者，自存也；万乘能以战者，自完也。虽桀为主，不肯诎[①]半辞以下其敌。外不能战，内不能守，虽尧为主，不能以不臣[②]谐[③]所谓不若之国。自此观之，国之所以重，主之所以尊者，力[④]也。于此二者本于力，而世主莫能致力者，何也？使民之所苦者无耕[⑤]，危者无战。二者，孝子难以为其亲，忠臣难以为其君。今欲驱其众民，与之孝子忠臣之所难，臣以为，非劫以刑而驱以赏莫可。而今，夫世俗治者，莫不释法度而任辩慧，后功力而进仁义，民故不务耕战。彼民不归其力于耕，即食屈于内；不归其节于战，则兵弱于外。入而食屈于内，出而兵弱于外，虽有地万里、带甲百万，与独立平原一贯[⑥]也。且先王能令其民蹈[⑦]白刃，

---

① 诎（qū）：同“屈”，屈服。
② 臣：以为臣，称臣。
③ 谐：和好。
④ 力：指耕战。
⑤ 无耕：无非是耕田。
⑥ 一贯：一样。
⑦ 蹈：踩上；投入。

被[1]矢石。其民之欲为之，非如学之，所以避害。故吾教令：民之欲利者，非耕不得；避害者，非战不免。境内之民莫不先务耕战，而后得其所乐。故地少粟多，民少兵强。能行二者于境内，则霸王之道毕[2]矣。

① 被：迎受。

② 毕：完好。

定分第二十六

法令者，民之命也，为治之本也，所以备民也。

公[1]问于公孙鞅曰："法令以当时立之者，明旦欲使天下之吏民皆明知而用之，如一而无私，奈何？"

公孙鞅曰：为法令，置官吏，朴足以知法令之谓者，以为天下正，则奏天子。天子若[2]，则各主法令之。皆降，受命发官，各主法令之。民敢忘行法令之所谓之名[3]，各以其所忘之法令名罪之。主法令之吏有迁徙物故[4]，辄使学读法令所谓。为之程式，使日数而知法令之所谓；不中程，为法令以罪之。有敢剟[5]定法令，损益一字以上，罪死不赦。诸官吏及民，有问法令之所谓也于主法令之吏，皆各以其故所欲问之法令，明告之。各为尺六寸之符[6]，明书年、月、日、时、所问法令之名，以告吏民。主法令之吏不告，及之罪，而法

---

① 公：指秦孝公。

② 若：同"诺"，许可。

③ 名：法令的条目。

④ 物故：亡故。

⑤ 剟（duō）：削除；删改。

⑥ 符：古代朝廷传达命令或征调兵将用的凭证，用金、玉、铜、竹、木制成，双方各执一半，合之以验真假。

令之所谓也，皆以吏民之所问法令之罪，各罪主法令之吏。即以左券予吏之问法令者，主法令之吏谨藏其右券木柙，以室藏之，封以法令之长印。即后有物故，以券书从事。

法令皆副置[1]。一副天子之殿中，为法令为禁室，有键钥[2]为禁而以封之，内藏法令一副禁室中，封以禁印。有擅发禁室印，及入禁室视禁法令，及剟禁一字以上，罪皆死不赦。一岁受法令以禁令。

天子置三法官。殿中置一法官，御史置一法官及吏，丞相置一法官。诸侯郡县，皆各为置一法官及吏，皆此秦一法官。郡县诸侯，一受赍来之法令，学并问所谓。吏民欲知法令者，皆问法官。故天下之吏民，无不知法者。吏明知民知法令也，故吏不敢以非法遇民，民不敢犯法以干法官也。遇民不修[3]法，则问法官，法官

---

① 副置：置副本。

② 键钥：锁钥。

③ 修：学习。

即以法之罪告之，民即以法官之言正告之吏。吏知其如此，故吏不敢以非法遇民，民又不敢犯法。如此，天下之吏民虽有贤良辩慧，不能开一言以枉法；虽有千金，不能以用一铢。故知、诈、贤能者皆作而为善，皆务自治奉公。民愚则易治也，此所生于法明白易知而必行。

法令者，民之命也，为治之本也，所以备[①]民也。为治而去法令，犹欲无饥而去食也，欲无寒而去衣也，欲东而西行也，其不几亦明矣。一兔走，百人逐之，非以兔为可分以为百，由名分之未定也。夫卖兔者满市，而盗不敢取，由名分已定也。故名分未定，尧、舜、禹、汤且皆如骛[②]焉而逐之；名分已定，贪盗不取。今法令不明，其名不定，天下之人得议之。其议，人异而无定。人主为法于上，下民议之于下，是法令不定，以下为上也。此所谓名分之不定也。夫名分不定，尧、舜

① 备：防备。

② 骛：乱驰，交驰。引申为急。

犹将皆折而奸之，而况众人乎？此令奸恶大起，人主夺威势，亡国灭社稷之道也。今先圣人为书而传之后世，必师受之，乃知所谓之名；不师受之，而人以其心意议之，至死不能知其名与其意。故圣人必为法令置官也，置吏也，为天下师，所以定名分也。名分定，则大诈贞信，巨盗愿[1]悫，而各自治也。故夫名分定，势治之道也；名分不定，势乱之道也。故势治者不可乱，势乱者不可治。夫势乱而治之，愈乱；势治而治之，则治。故圣王治治，不治乱。

夫微妙意志之言，上知之所难也。夫不待法令绳墨，而无不正者，千万之一也。故圣人以千万治天下，故夫知者而后能知之，不可以为法，民不尽知；贤者而后知之，不可以为法，民不尽贤。故圣人为法必使之明白易知，名正，愚、知遍能知之。为置法官，置主法之吏，以为天下师，令万民无陷于险危。故圣人立，天下

① 愿：谨慎老实。

而无刑死者，非不刑杀也；行法令，明白易知，为置法官吏为之师，以道之知，万民皆知所避就，避祸就福，而皆以自治也。故明主因治而终治之，故天下大治也。